幸せ舞いこみまくり！

7日間「かみさま」おそうじ

岡本弥子 著
Mitsuko Okamoto

人生を“まるっと”変える
「みこ式美浄化」レシピ

はじめに

そこは、暗い暗い真っ暗な暗闇のなか。

終わりも見えない、「岩」に閉ざされた暗闇のなか。

底の深いところまで、
ゆっくりと静かに「光」が射し込んだと思ったら、

あっという間に別世界へと誘われました。

「あ！　私、これ、見たことあるわ〜」

お水さま

が、私を美浄化してくださったとき、

すべてがひとつに繋がったのです。

そう、
「みこ式美浄化」とは、
元の氣に戻ること。

本来の自分

に戻ること。

焦らず、
無理せず、
楽しみながら、

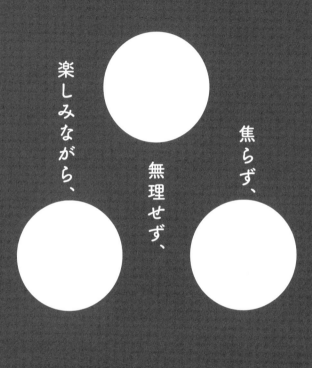

毎日の当たり前の習慣のなかで、

誰でも簡単に、

美しくなりながら
浄化ができる仕組みです。

「誰でも宇宙さまから、本当に望んでいる唯一無二の素敵な人生がプレゼントされます」

「すべて夢が叶ったらいいな～、すべて思い通りになって幸せになれたらいいな～」と、皆さん誰でも一度は思ったことがあるはず。

「七日間で宇宙級の速さで夢がどんどん叶う方法」があると聞いたら、どう思いますか？

すぐに知りたい！

本当なの？　信じられない！

そう思うひとも多いはずです。

答えは、

はい、あります。

誰でも、楽しみながら、

どんどん叶ってしまうミラクルで魅力的な方法

があるんです。

その方法が、

「七日間で宇宙級の速さで夢がどんどん叶う、

みこ式美浄化レシピ」なのです。

「『岩』の章」では、小さい頃から神仏を身近に感じながら、日本の女神（伊邪那弥《いざなみ》・天照大御神《あまてらすおおみかみ》・卑弥呼《ひみこ》）のように、文字通り閉ざされた「岩」に囲まれていた私の半生を描きます。

そこからどのようにして「岩」から出ることができたのか？
そして「助けなさい」の声に従い、「みこ式美浄化レシピ」ができるに至ったのか？

「『光』の章」では、七日間で人生を変える「みこ式美浄化レシピ」の紹介、
そして実践を通してみんなが幸せになる、まんまるな笑顔が溢れる「弥勒の世」へご招待します！

二〇二〇年七月

岡本弥子

Contents

「岩」の章

「光」の章

❋水曜日はお水さま

❋木曜日はお氣ものさま

※金曜日はお金さま、おかげさま、お塩さま

※土曜日は土台の地球さま

※日曜日はお天道さま

かみさまイラスト：菅原おさやまる
cover design panix [keiichi nakanishi]

絵解きで
徹底紹介!

宇宙級の速さで夢を叶える

「七曜のかみさま」
&
「7つの法則」

本編にはいる前に、「みこ式美浄化」のカギを握る
「七曜のかみさま」と「7つの法則」を
イラストで紹介します!
そこは、まんまる笑顔が溢れる「弥勒の世」の入り口。
総天然色でお届けじゃ!

換氣は歓喜を呼ぶ法則
玄関
ハハハ〜
お月さまが
風に乗ってくるよ〜
三和土《たたき》を「お塩さまで」拭くと福UP!!
早起きは三文《さんもん》の徳
玄関は「体」では「口」
口の中の歯をピカピカにして
「良いもの」を体にもとり入れよう!!
玄関と外界との境目だよ
「三和土《たたき》」は「3つの和《なごみ》」
みっつのまんまる
すべての土台を整えることが美浄化の基本の「き」
シューズボックスの美浄化
出しっぱなしはダメ!!
「くつの裏」は外出するたびに
邪気を拾って帰えることになるので
くつの裏の美浄化も
忘れずに!!
お顔を正面に

輝くように明快なかみさま
知識豊かなコミュニケーションの達人
お月さま
お月さまの特徴
知的で頭の回転がはやい
様々な情報や人脈を持ちそれを必要な人に与えることでさらに感謝され幸せを運ぶ
話し上手ユーモアセンス抜群
常に前だけを向いている
人の話をよく聞き背中を押すことが得意
相手の行動を観察する力が優れており恋愛をたくみにリードする力にも優れている
自分の意見もきちんと「口」に出すことができる
自分にないものを相手に求められたとしても振り回されることなく高い順応性で恋愛も得意
お月さまからの言霊
今の状況を打破し
もっとあなたの中の可能性を表に出してみて
自分自「神」を知り自己実現していく希望の光

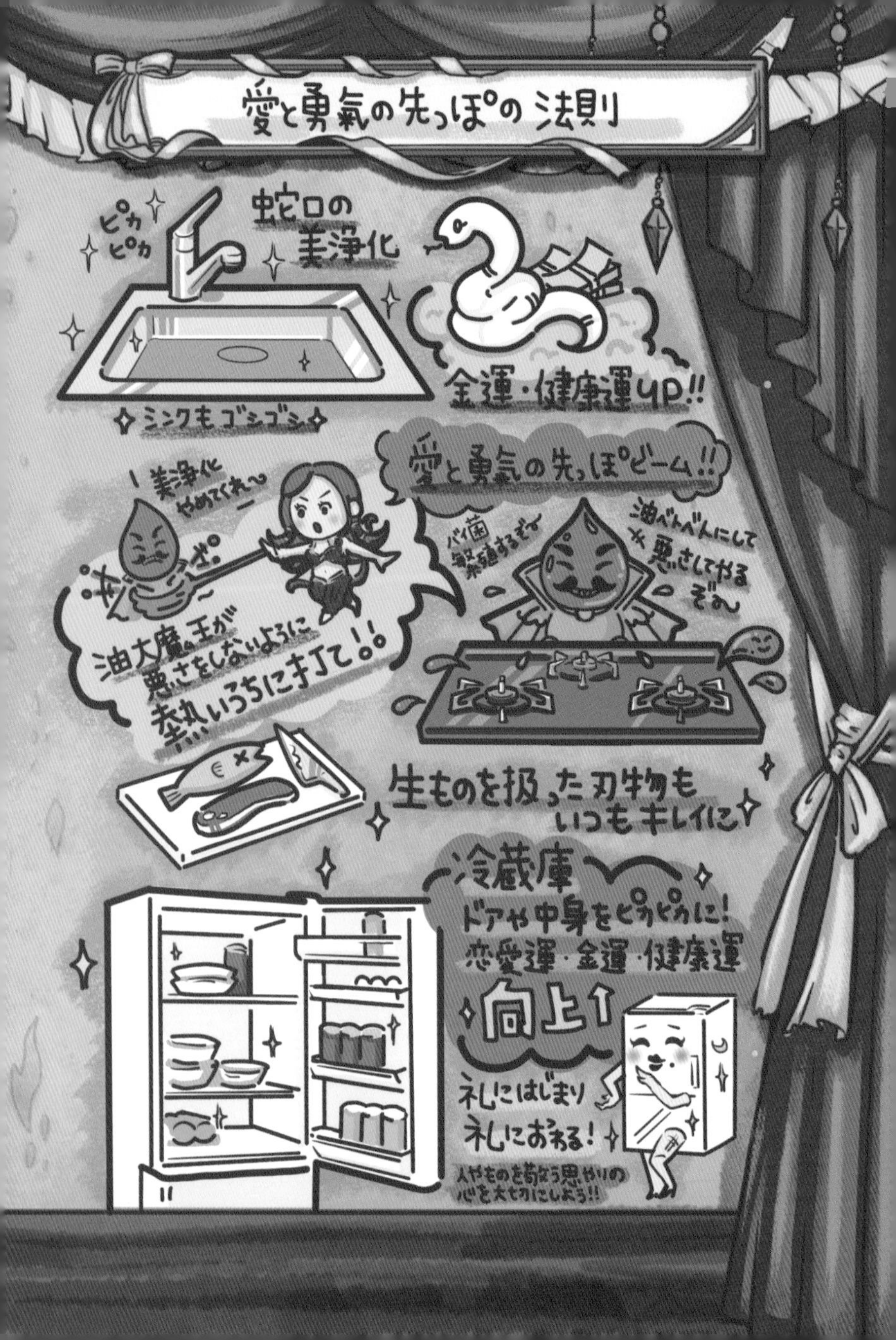

愛と勇氣の先っぽの法則
蛇口の美浄化
ピカピカ
金運・健康運UP!!
ミンクもゴシゴシ
愛と勇氣の先っぽビーム!!
美浄化やめてくれ〜
ぎゃ
バイ菌繁殖するぞ〜
油べとべとにして悪さしてやるぞぉ
油大魔王が悪さをしないように熱いうちに打て!!
生ものを扱った刃物もいつもキレイに
冷蔵庫
ドアや中身をピカピカに!
恋愛運・金運・健康運
向上↑
礼にはじまり礼におわる!
人やものを敬う思いやりの心を大切にしよう!!

力強さと自己犠牲のかみさま
勇氣や情熱のエネルギーを与える開拓者《パイオニア》
お火さまの特徴
リーダーシップがあり まわりから頼りにされる
行動力、集中力、体力に すぐれている
思い立ったら即行動!! エネルギッシュ
正義感が強く 面倒見が良い
ボーイッシュ サバサバしている
体育会系 姐御肌
他者のために自分を 犠牲にできる 愛情の深さがある
逆境に強く 勇気がある
計画的で短時間で 現実化する力がある
お火さま
お火さまからの言霊
ブレない価値観で
パワフルに活動できるようにサポートします!!
大切なことは「今ここ」にある!!

命の恵みのお水さまの法則
今日も おつかれさま
カビ
SOS
菌
にげろ〜
穢れ バイ菌 汚れ カビ サヨナラ〜
お風呂は 「黄泉がえりのパワースポット」
トイレの美浄化
フタはしめる!!
臨時収入が 舞い込みこするよ!!
金運UP!!
もうかる話が いっぱい!!
つかった後はピカピカに
命の恵みがいっぱい
洗面所も すぐに美浄化!!
お水さま
NG
歯みがき粉
髪の毛

美と健康を司るかみさま
生み・育てる女性性の象徴
お水さまの特徴
責任感が強く自制心や忍耐力があり信頼される
海のように心が広く穏やかに受け入れる
聞き上手で精神性も高い
いつも落ち着いて冷静
自分の「女性性」をさらりと出せる恋愛上級者
誰に対しても包み込むような優しさで接しみんなから愛される存在
お水さま
お水さまからの言霊
まわりから信頼され
すべてを受け入れる穏やかな心につつまれますよ
「生み出す」は「膿出し」本来の無限の可能性の源の「海」の心を表現しよう

大好きは大好きを呼ぶ法則
クローゼットからも全出し!!
タンスからも全出し!!
「色別《いろべつ》」「形別《かたちべつ》」の順で!!
大好きなものいっぱい!
面倒でもドーン
と全出し!!
どんな色のどんな形のお洋服があるか
きちんと把握できるドーン!!
アクセサリーは1年以上つかってないもの
化粧品なら3ヶ月以上
つかってないものは
全捨て美浄化!
下着は「3ヶ月」で「全替え」
新たなご縁を結びたいときは
それ以前に持っていた「下着」も
全捨て美浄化!!!

「自分自神」を大切にした
あたたかな存在感
バランスの取れた調和のナチュラリスト
お氣ものさまの特徴
温厚で辛抱強い
まわりとの調和を
大切にする
心の余裕や余白を
与えることができ
心地よさを感じ
させることが得意
全てのひと、モノと
仲良くできる
中立の立場が
とれる
流行を上手に
取り入れた
華やかさと
知性を
兼ね備え
「凛とした」
雰囲気がある
ネガティブな感情を
表に出さない
恋愛に対しても真面目で
慎重な面もあるのでどこか
クールな印象を持たれがち
お氣ものさま
お氣ものさまからの言霊
迷っている時こそ心の声をじっくり聞きましょう
悩んでいた方向性も自然と見えてくるでしょう
心からの望み・喜びを感じることを
まわりの反応にこだわらず素直に表現しよう

「お金さま」はおかげさま まんまるは最強の法則
オススメ!!
美浄化リラックス
塩
スプーン3杯
バラ+お塩さまのお風呂で美浄化
「レシート」は金よう日に美浄化!!
POINT
ポイントカードは不要!!
通帳は記帳して数字をチェック!!
硬貨は別々に!!
100
10
10000
キラキラ 白蛇のイイっスネイク!!
(虫它)
イイっすね♪
イイっすね♪
いつもスネずに前向き!!
理想の収入をお財布へ!!
丸いものをみんなで♪たべよう♪
たこやき
丸もち

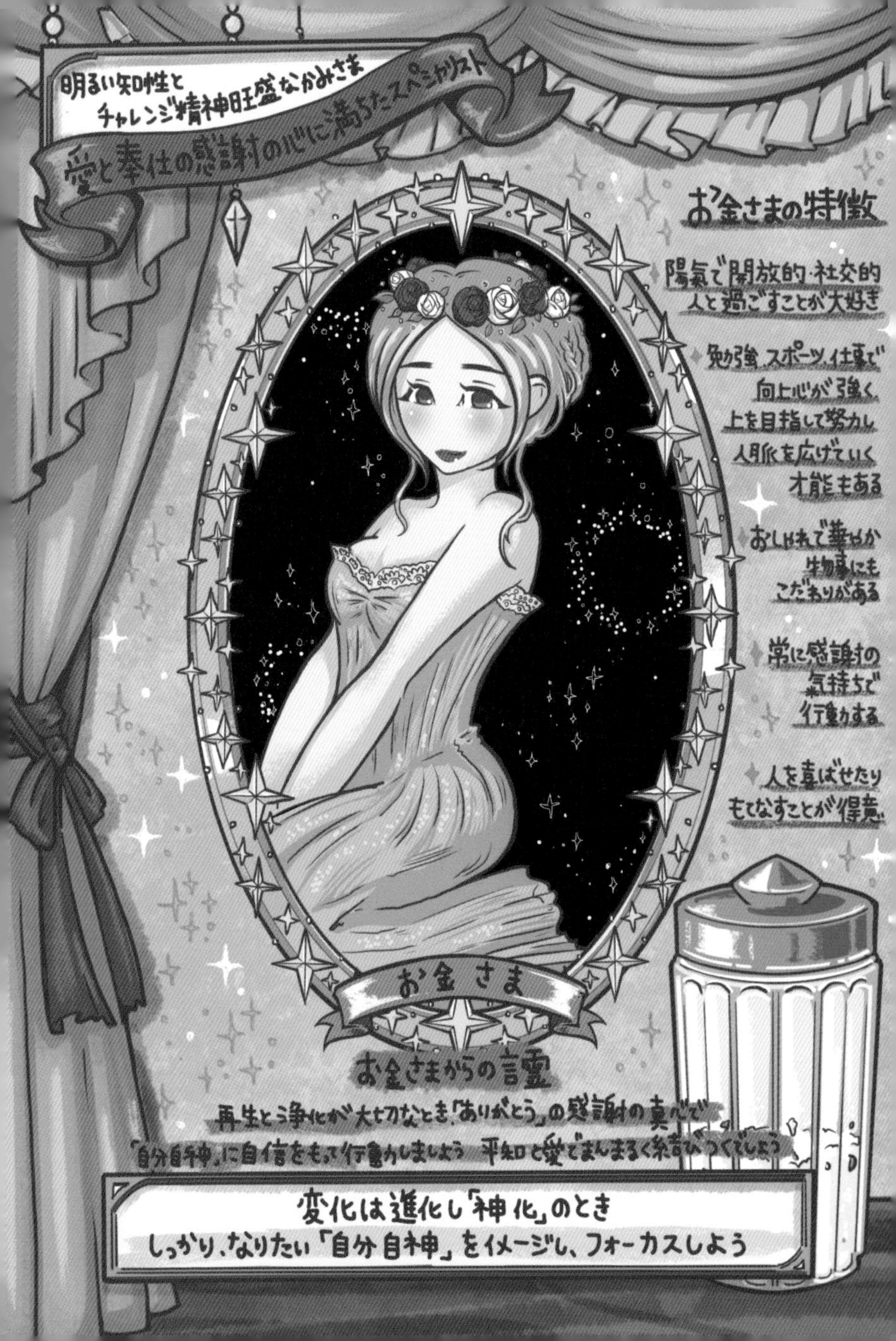
明るい知性と
チャレンジ精神旺盛なかみさま
愛と奉仕の感謝の心に満ちたスペシャリスト
お金さまの特徴
陽気で開放的・社交的
人と過ごすことが大好き
勉強、スポーツ、仕事で
向上心が強く
上を目指して努力し
人脈を広げていく
才能もある
おしゃれで華やか
物事にも
こだわりがある
常に感謝の
気持ちで
行動する
人を喜ばせたり
もてなすことが得意
お金さま
お金さまからの言霊
再生と浄化が大切なとき「ありがとう」の感謝の真心で
「自分自神」に自信をもって行動しましょう 平和と愛でまんまるく結びつくでしょう
変化は進化し「神化」のとき
しっかり、なりたい「自分自神」をイメージし、フォーカスしよう

ビジネスチャンスは土台にあるよの法則
「窓は美浄化中は開けないで」♪
ホコリが舞い上がるよ～
ぞうきんは
かわいたもの
ペーパーモップ
ホコリを美浄化して
誇りを取り戻そう!!
実は同一人物
「フローリング」同じ方向にゆっくりと!!
ニコニコ コツコツ
楽しみながら
やるのが
ポイント!
・散らばっているものを ざっ と片づけ♪
・ペーパーモップで さっさっさっ ♪♪♪
多少の手抜きはOK!
美浄化を
実践して
本来の元の氣に戻り
自信に満ち溢れた
誇り高きプリンス
「畳」ほうきはミラクルステッキなんだ!!
騒音が立たず、小回りがきく!!便利アイテム
和室の畳にはもちろん、日本の家にはぴったり

日常の中に
大いなる無限の愛がある
細やかな気配りと継続する意志を貫く指導者
土台の地球さまの特徴
・深い愛情と細やかな気配り、溢れる優しさ まわりを幸せに導く
・人に尽すことが好きで、見返りを求めず愛を注ぐ
・愛情深く世話好き
・困っている人をほうっておけない
土台の地球さま
土台の地球さまからの言霊
大いなるものからの愛、神聖な愛、小さなものへの愛、大きな力に守られて
生きることを思い出せば心身のバランスを調整しリズムを整えることができますよ
人生の真の目的は土の上に!!
日常生活のひとつひとつ、足元に全て答えがある!!

モテたければまるいものを見るの法則
心にも
太陽光
＝
セロトニン
［しあわせホルモン］
精神を安定させる
外に出よう!!
太陽の下へ
みんなでまるいものを
みよう!感じよう!!
大切なひとと
太陽の下へ!!GO!!
フロアマットも
美浄化
タイヤも
ピカピカ
ドレッサーや引き出しから
出してぴかぴかに磨いて
手入れをしよう!!
輝く光を与えよう!!
制服
毎日肌身に
つけているものにも
光を!!
スーツ
殺菌効果!!
時計も
アクセサリーも
フカフカ
布団も
フワフワ
枕も
スリッパも
マットも
太陽のしあわせの香りに
「つつみこ」されるよ!!

全てのものに
平等に愛を与える
「無条件の愛」に溢れる豊かな包容力の持ち主
お天道さまの特徴
優しくほがらかに
人当たりが良く笑顔が
チャームポイント
「一人行動」より
「人と一緒に行動する」
ことを好む
素直で無邪気で
世話好き
気配りも得意
感受性も
強い
全てのものに
愛を与えることが
できる
お天道さま
お天道さまからの言霊
地位や権力を振りかざさなくてもあなたの周りには人が集まります
あなたの直感力は周りの人を喜ばすことが出来るはずですよ
時間は「いのち」の寿命.「ふと」感じること
思ったことはすぐに行動に移しましょう

さあ、ここから本編が
始まります!
皆様、
どうぞお楽しみください!!

「アリガトライト」は、

ありがとう ：「感謝」
トライ ：「挑戦」
ライト ：明るく軽くキラキラ光る
「希望の光」

3つの意味が合わさった
最上級の「みこ言霊」じゃ!!!

「岩」の章

「あの声」がどんどん大きくなる

私は、ごくごく普通の会社員です。

しかし、この「みこ本」が出版される頃には、理想のパートナーと結ばれ、20年あまりの会社員生活を卒業して自分らしい**「弥勒《みろく》の世」**を生きているでしょう。

そこで私は全国での講演、セミナー行脚に加え宇宙初の美浄化ユーチューバー、ブロガーとしても活動し、老若男女多くのひとたちが**「自分らしく輝く」ための美浄化コンサルタント**として活躍しています。

それは私が幼い頃から思い描いた「弥勒の世」であり、流れのままに私の使命・天命が試される場。しかし、ここにたどり着くには、40年以上に及ぶ**「菩薩行《ぼさつぎょう》」**

が必要でした。

会社では、「お客さま」の「お金」と「数字」を扱う仕事をしていました。毎日朝早くからマイカーを運転して最寄り駅まで行き、電車に乗り込み、ヘトヘトになるくらい働いた後、また電車に乗り込んで、駅からマイカーを運転して家に帰るということを、来る日も来る日も、約20年間続けていました。

私の美浄化の核、原型となる自主学習の勉強時間もその通勤電車のなかでした。毎日コツコツ研究結果を書き溜めていたものが、この「**みこ式美浄化レシピ**」の骨組みとなりました。

当時の私は、パートナーもおらず、女性一人が生活していくなかで経済的な不安もあり、このままずっと仕事をしなきゃ生活できないと考えていました。しかも、地域に密着した地元では誰でも知っている有名な一流企業に所属しているという「ステイタス」や「誇り」「愛着」もあり、別に今の仕事に不満を持っている訳でもありませんでした。

約20年間もずっと同じ仕事をしているのだから、今さら辞めるなんていう選択肢はありません。しかし、幼い頃から聞こえる「**あの声**」が大きくなるにつれ、もう無視できない現実に直面することになったのです。

「**助けなさい、助けなさい**」

また、聞こえてくる静かな小さな声。それは、幼い頃から聞こえてくる言霊音霊《ことだまおとだま》だったのです。

神さま、仏さまが身近にいた幼少期

私が生まれ育った場所は岡山県の西の端、広島県との県境のＪＲも通っていない町。周辺は、春には桜や、ピンクの絨毯を広げたようなレンゲ草で埋め尽くされた畑。夏にはメダカやカエルの合唱が聞こえてくる爽やかな青々とした緑の田んぼ。タヌキやキツネ、イノシシが、その美味しさに釣られて思わず山から下りてくる実りに満ちた味覚の秋。白いレースのベールに包まれるような荘厳な冬の山々。豊かな自然に囲まれ、動物も植物も安全に安心して共存する静かな小さな田舎町でした。

そんな小さな田舎町の共働きの両親のもとに、私は生まれました。

名前は「弥子」と書いて「みつこ」と読みますが、両親からも兄や祖母からも、友人にも幼い頃から「みこ」と呼ばれています。

家系が代々男系で、祖父や父は、それはそれは立派なたくましい男の子の名前しか考えていなかったようです。ですが、生まれる数か月前に「女の子」と判明。母方の祖母が、地元では大変有名なお寺に名前をいただきに行ったそうです。

そのお寺の和尚さまが「この子の名前は、生け垣に大輪の花がパッと咲くような子という意味だから、成長がますます楽しみじゃなあ」と、いつもおっしゃっていました。

私の家は代々「仏教」の家系で、物心ついた頃、ちょうど「仏教」の世界に足を踏み入れたときに、阿弥陀《あみだ》さま、弥勒菩薩《みろくぼさつ》さま、伊邪那弥《いざなみ》さまなどの神さまにも「弥」が付いていることや、日本の歴史の「弥生時代」に出てくる「卑弥呼」にも「弥」の字があるのはなぜ？　と疑問が湧きました。

生まれて初めて小学校の図書館で借りて読んだのも「卑弥呼」に関する本でした。なかなか難しい内容でしたが、子供ながらに仏教を学び始めたことも重なって益々探求心が高まり、「どうしても、私の名前のルーツが知りたい」と、読めない漢字や意味のわからない語句は辞書で調べながら何度も何度も同じ本を借りていました。どこに行くにもその本を持っていき、寝る前にお布団のなかでも何度も何度も読んだほどでした。

私の名前の「弥」は、古いインドの言葉を翻訳するときに「ミ」の音に当てられたことから「阿弥陀（アミダ）」「弥勒（ミロク）」のように「神秘的な言葉」に使われていたそうです。

「弥」は、美しく太陽の光の下で輝く花と、魔除けの呪具《じゅぐ》として用いられた弓、婦人の上半身に文身（入れ墨）を施している形で、数珠玉も加わり、多幸を祈る意味もあるそうです。まさに、その頃読んでいた「卑弥呼」そのものでした。

実際に、「弥」という字はなかなか「み」と呼んでもらえず、「やこちゃん」といつも間違われていたので、「きちんと私の名前を呼んでほしい」「ちゃんと私を認めてほしい」との幼い願いもあったのでしょう。自ら「みこちゃん」と名乗っていた女の子でした。

そんな幼い「みこちゃん」は、学校から帰ると真っ先に向かったのが祖母の部屋。ランドセルを背負ったまま、おやつを片手に祖母の前に座り「仏さま、神さまの話」や「あの世とこの世の話」など、毎日、ワクワクしながら聞くのが楽しみでした。

青々と広くそびえ立つ山々のふもとに私の家がありました。そのすぐ裏には神社があり、高齢者の多いこの地域は日頃から神さまや仏さまを大切にする習慣が根付いていていました。

私には2歳上の兄がいるのですが、幼い頃から身体が弱く「20歳まで生きられないかもしれない」とお医者さまに言われ、両親はいろいろな病院を探しては診てもらっていました。私も、もちろん一人しかいない兄なので幼いながらも心配し、いつも裏山の「神さま」に、

「お兄ちゃんを助けてください。お願いします。その代わり、大きくなったら

私がみんなを助けます」

とお祈りをしていました。

※ちなみに、その兄も、おかげさまでお医者さまの当初の見立てよりも倍の歳を生きています。
ご安心くださいね。

信心深い祖母や両親の影響もあり、私も物心ついたときから、代々家が信仰をしていた「仏教」に触れ、氣が付いたら自然の流れで7歳で本格的に仏教学を学ぶこととなりました。毎日の生活のなかに「仏さま」や「神さま」がいる環境。

朝起きたら、歯を磨いて顔を洗い、朝食を家族全員で美味しくいただき、身支度を整え、ランドセルを背負って先祖代々の仏壇に両手をきちんと合わせ「今日も無事にみんな起きられました。ありがとうございます。明るく元氣に行ってきます」と学校へ行き、学校から帰ると、ランドセルを背負ったまま「**今日も、無事に帰**

りました。ありがとうございます」と、また仏壇に手を合わせて、無事を報告。

その後、手を洗ってうがいをして、祖母の部屋で今日の出来事や、神さま仏さまの話を聞きます。一人のときは、庭に茣蓙《ござ》を敷いてその上で塗り絵をしたり、お絵描き帳に「神さま仏さま」の絵を描いたりして過ごします。

近所のおじいちゃん、おばあちゃんに「みこちゃんは、すごいな～。将来は絵描きさんになるのかな？」と褒めてもらって嬉しくなったり。さらにお菓子をもらったり。「神さまのたくさん載っている本を見せてあげるよ」と、家族ぐるみで仲良しの私の家の裏に住んでいる子供のいないお金持ちの老夫婦の家にとことこ遊びに行っては、見たこともない数々の珍しい辞典やとても分厚くて重たい本を借りては、毎日読ませてもらいました。あるときは、早くにご主人を亡くされた一人暮らしの隣のおばちゃんの家の縁側で、一緒にお昼ご飯やおやつをいただくような日々。

「毎日ニコニコしていると、近所のひとたちが元氣になる」と幼いながら信じていて、「みこちゃんに会うと、元氣になるよ。ありがとうね。また、いつでもおいで」と言われるものだから、「毎日ニコニコしているだけなのに、不思議だな〜」と思いつつ、お年寄りの家にワクワクしながら遊びに行きました。

「みこちゃんパトロール」とも呼ばれ、地域的にも穏やかで、今の時代では考えられないような恵まれた平和で安全な時代でした。

同時にその頃は「神さま仏さまの行事」がたくさんあり、休みの日には、同じ年頃の子供たちはみんな遊んでいるのに私だけその行事に参加することもよくありました。その頃は「なんで私だけ、神さま仏さまのお仕事をしているんだろう」と、疑問に思うこともありましたが、**「私は選ばれているのだから責任がある。私にしかできないことがあるから、私がやらないといけないんだ」**と思うようになっていました。

難しい漢字ばかりの名前の行事や、子供では理解が難しい内容の行事も多く、それらをまとめて私は「**みごごと**」と呼ぶようにしました。

「みごごと」のために休日を返上しいろんな方々の「悩みごと」を聞き、私なりに答えて差し上げていました。昔から近所のお年寄りのお話を聞いたり、相談に乗っていたりしたので難しいこともなく、逆に感謝されるなど、「みごごと」に行った後は清々しい氣持ちになり、こちらの方が感謝でいっぱいでした。

初めての憧れ「運命のひと　幸子先生」との出会い

私が小学2年生の7歳の春。小学校に若い女の先生が赴任してこられました。

背が高く細身で、スタイルは抜群。歩くたびにさらさらとゆれるセミロングの髪はキラキラと光を放ち、テレビのなかでしか見たことのない女優さんのような容姿。

その細い手に「ギター」を抱えてやってきた先生の名前は、「幸せな子」と書いて「幸子先生」でした。

先生の声を聴くと、小人が楽しくスキップをしているみたいにピチピチと音が飛び跳ねていて、明るくて楽しくてその声にみんな毎日癒されていました。朗読やギターの弾き語りをする先生の周りには、いつもたくさんのまんまるな笑顔が集まっていました。

まさに、みんなを幸せにする「泉」のようなひとでした。

時を同じくして私は、学校の勉強以外に、「仏教」も勉強し始めていたので、作文の時間に、素直に何の疑いもなく習いたての「神さま仏さまご先祖さまのこと」を書きました。そして幸子先生が大好きな私は先生の朗読を真似て、みんなの前で明るく元氣に大きな声で堂々と発表しました。

お花さんや鳥さんと会話をしたこと、いろんなひとのいろんな心の声が聞こえること、いろんなひとから色の光が見えたり、においや音、住むお家が見えたり感じたりしたことを発表しました。私は「みんな同じように見えたり聞こえたりするもの」だとずっと思っていたので、発表した後の、周りのざわざわとした反応に戸惑いました。

子供たちの反応はとても素直です。そして、言葉が刃物のように私の胸を突き刺すこともありました。

ランドセルには、母や祖母が、「なにかあったら必ずみこを助けてくれるからね」と持たせてくれていたお経本とお数珠さまが、いつも「お守り」のように入っていました。だけど一部の同級生には、「なんだそれ？」とか、「死んだひととお話しするの？　氣持ち悪いなあ」と不氣味がる子もいました。また「みこちゃんは、お坊さんになるの？　遠いところに行くの？」と、仲良しの子には心配をかけてしまったり。

焦れば焦るほど、ますます同級生と溝ができるばかり。いくら説明しても、幼すぎる同級生には理解してもらえず、もちろん私自身も勉強を始めたばかりで、詳しく説明できる訳もなくて悩みました。

「周りのひとに感謝するといいんだよ。毎日ニコニコ笑顔であいさつしたらいいんだよ。手を合わせたら幸せになるんだよ」と心を込めて一生懸命説明することしか、そのときはできませんでした。

ある日の給食の時間、同級生たちの「私を見る目が一瞬で変わった事件」が起きました。それは、「クリームコロッケゴロゴロ事件」。

同級生の女の子が「クリームコロッケ」を配る係で、うっかり手を滑らせて「バーン」という大きな音とともに、大量のクリームコロッケをゴロゴロと床に散らばせてしまいました。彼女は、その場に立ち尽くして動けず今にも泣き出しそうな顔をしていました。

「弱いひと、困っているひとを助ける」と、毎日「神さま仏さまと約束」をしていたのをみこちゃんは思い出します。すぐに、立ち尽くす彼女の足元に散らばったクリームコロッケを拾い、「ふ〜ふ〜ふ〜」と息を吹きかけ、「大丈夫だよ。おまじないをしたから食べられるよ」と今にも泣き出しそうな彼女に言いながら一緒に拾いました。

「大丈夫、神さま仏さまが必ずみこちゃんを助けてくれる」

しかし、周りの男子生徒は、「汚いな、どうしてくれるんだ」と彼女を責め、私のことまで一緒にからかってきました。

私は「毎日一生懸命みんなで協力して床を拭き掃除してるから汚くないよ。ふ～ふ～ふ～って息をかけたら、大丈夫だよ。ほら」と言って、みんなの前で私はそのクリームコロッケをぱくぱくと食べてみせました。

仲の良い同級生も「ほんとだ。いつものクリームコロッケと同じ味だよ。食べられるよ」と、私の真似をして一緒に食べてくれました。

からかっていた男子たちも、しぶしぶクリームコロッケを食べると、「わあ、ホンマじゃ。僕たちが掃除してる床だもんな。いつものおいしいクリームコロッケじゃ」と、その場は「ふ～ふ～おまじないタイム」となり、まるくおさまりました。

ある日のこと、幸子先生が、私の家に来てくれて、母とお話をしていました。帰り際、先生が「お友だち想いの優しい子なんだね。先生は優しいみこちゃんが大好きよ」と言ってくれて、とても安心しました。幸子先生は優しく頭を撫でてくれました。そのとき、とっても優しくていい香りがしました。

「勇氣を出して良いことをすると、みんなが笑顔になって素敵な氣持ちになるんだなあ」と幸せな氣持ちになりました。

しかし、その日はやってきます。幸子先生とのお別れのときが来てしまいました。別の学校に赴任することになったのです。

大好きな先生に何かお礼がしたいと思い、感謝の氣持ちを込めて「大好きなひとに」と、初めてお手紙を書きました。先生がいつも読んでくれた『『花さき山』の絵本』もお小遣いのなかから買って一緒にプレゼントしました。

「ニコニコえがおのみつこさん。先生は、みつこさんのえがおを見ると楽しくなってきますよ。『わにのバンポ』のまねや、ものがたりを読むのがとてもじょうずでしたね。先生の読みかたに、にてくるようでした。みつこさんが大すきです」

そのとき「いつか私も、先生のような、誰にでも優しくて、誰にも好かれるひとになりたい。みんなを優しく導けるひとになりたい。そして、ギターも大人になったらいつか弾いてみたいな」と思いました。

小さな胸に、はじめてキラキラ光り輝く「憧れ」という宝物をプレゼントされました。

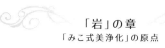

「みこ式美浄化」の原点

大人のひとたちに可愛がられながら、もちろん同年代の子どもたちとも野山を探検したり、地球を守る戦隊もののヒーローの真似をしたり、お人形で遊んだり、周りの子たちからは「明るく、笑顔で前向き、正義感が強い真面目一筋な女の子」という印象を持たれていたようです。男子とも女子とも分けへだてなく遊び、人氣者になり、毎年学級委員長となってクラスをまとめ、運動会では「選手宣誓」をしたりと、常にみんなと一緒に「楽しみながらものごとを進めていくこと」が大好きになりました。

しかし、小学生から高校生までずっと人氣者だった訳ではありません。何でもぽんぽん簡単にこなし、成績も良く、生徒会役員をしたり、先生や先輩、後輩とも誰とでもすぐに仲良くなる私に対し、「嫉妬」という名前の「いじめ」「仲間外れ」「無視」をしてくる同級生も一部いました。

そのときは「あ〜、また来たか」と、私にはわかっていたので、ある「対策」をしていました。

そのある「対策」というのが「**掃除**」です。

「一人になって『**神仏さまの研究**』に集中する時間を与えられたんだ」と子供ながらに理解し、今までの「神仏さまの勉強」と掛け合わせて、オリジナルの「**私**

だけのお掃除方法」に取り組むことにしました。これが、「**みこ式美浄化**」**の土台**となっていったのです。

小学生のときは、先生や上級生の女の子と仲良くしていたことが氣に入らない一部の女子が、私を「無視」するという「プチいじめ」をしてきました。話しかけても返事もしてくれない。休み時間も、遊ぶ相手がおらず誰とも話すことができない。

困った私は、教室の「掃除」をすることにしました。給食が終わり、長い休憩時間をはさんで午後からの授業があるのですが、給食を食べた後、一人ずっと教室に残り、いよいよ決行です。教室のすべての窓を開けて換氣をし、雑巾でみんなの机を拭いたり、ほうきで隅々までホコリを集めて捨てたり、床のタイルの黒い汚れを「今日はここの2枚のタイルをぴかぴかにしよう」と毎日ひとつ目標を立てて磨いたり、窓を「はあ〜はあ〜」と息を吹きかけて乾いたタオルで乾拭きしてぴかぴかにしたり。

一人で集中していたら、あっという間に時間も経つし、いつも使う教室が綺麗になるし。一番面白かったのは「なんで、どんどん綺麗になってるんだ?」という、最初は氣が付かなった同級生たちの反応です。

しかも、同級生たちも換氣された綺麗な教室に帰って来るから「なんだか氣持ちのいい空氣だな〜」と口々に言うのが嬉しくて、一人でくすくす。声が出ないように心のなかでガッツポーズをしていました。

「**何か悩んだら掃除をする**」というのが私の原点であり、掃除をするなかで、自分自身との対話の時間も得られ、集中力もしっかり身に付きますし、とにかくどんどん綺麗になることが楽しくて嬉しかったんです。おかげさまで、学生時代から社会人になってもその習慣は続きました。

例えば、仕事でとても氣難しい上司との関係性を良くする場合も、「掃除」、つまり「みこ式美浄化」で解決します。みんなより少し早めに出勤し、換氣をしてお氣に入りのアロマとお塩さまの入ったお水さまで拭き掃除をしたり、ゴミをひとつ残らず拾ったり。

昔、小学校の同級生が言っていた「なんだか氣持ちのいい空氣だな〜」という台詞《せりふ》と同じで、居心地のよい爽やかな職場環境になれば、いつもイライラして機嫌の悪い上司も態度が徐々に変化してきます。

相手を急に変えることは難しいですが「ならばどうすれば自分がストレスなく動けるのか」を小学校の頃から習得していたので、難なく無理なく楽しみながら、相手から出る言葉も、最終的には「態度」まで変えてしまう効果があるのです。

私は**「みこ式美浄化」**は**「一石二鳥以上の掃除修行」**とも呼んでいます。

ひとの心のなか、部屋の間取りを読み取る体験

ここで、人生を変えたバイトの話をしますね。大学時代も「ひとを幸せにする仕事をしたい」という夢をずっと持ち続けていたので、もちろん学業と「みこごと」「仏教」の勉強や修行も両立させていました。おかげさまで、信頼する親友たちにも恵まれ、初めての彼氏もできました。

ウェイトレスを経て、ウェディング関係のバイトをするなかで、「幸せの笑顔を作るお仕事」に興味を持つようになりました。楽しくバイトをしていたのですが、時代の流れからかウェディングの会社が廃業。

そんなとき、ふらっと立ち寄った「女の子のお洋服の某ブランドショップ」で、店長さんから「興味ある?」と突然声を掛けられました。いろいろ話をしている

と、なぜかわからないけれど「明日から一緒に働かない？」と言われ、「ひとまず体験入店」ということで、翌日大学の授業が終わる午後から働かせていただくことになりました。

私は、接客というより「お客さまに寄り添うこと」を念頭に置き、お客さまが一歩お店に入られた瞬間から、お客さまの歩く方向、目線の位置、手に取る商品、身に着けている小物や靴、帽子、そして会話の一つひとつから「お客さまが何を求めて来店しているか」を見ることを一番大切にしていました。

私には、幼い頃からの近所のお年寄りとの会話や相談ごと、「みこちゃんパトロール」や「みこごと」での経験が身に付いていましたので、お客さまと接するなかで「どんな家に住んでいるのか」「どんな思考を持っているのか」、そして「クローゼットの中身」までなぜかわかりました。それが強みとなり、瞬く間に正社員の売り上げを抜いてトップ店員になってしまったのです。

これはある意味、私の特殊能力かもしれませんが、お客さまに寄り添うとき、**お客さまが住む部屋の間取り、クローゼットの中身まで見えてしまうのです。**なので、お客さまの趣味も自然とわかり、そこから「何をお勧めしたらこのお客さまに似合うのか、喜ぶのか、コーディネイトしやすいか」を提案することができました。

それが本当に楽しくて、声や表情から「大好き」な氣持ちがいつも溢れていました。しかも「お姉さんと話すと元氣になるし、すっごい楽しいから、また今度は友達を誘って遊びにきますね」と、言ってくださることもしばしば。**大好きな仕事を明るく楽しく笑顔でやっていたら、さらに大好きを呼ぶことがわかりました（大好きは大好きを呼ぶ法則）。**

楽しみながら、しかもお金を稼ぐことができて、なおかつ感謝までされる。時には、お洋服を一緒に選びながら恋愛相談や勉強・進路の相談をされることもあって、「こんなに私を信頼してくださって、本当に嬉しいなあ」と毎日感じさせていただきました。

誰よりも早く来てお掃除もして、店内の誰よりも明るく元氣な挨拶をしようと心掛けました。オーナーさんや店長さん、正社員の方々、他のバイトの仲間も本当に私を可愛がってくださり、「実際の営業の現場でしか得られないたくさんのノウハウ」を学ぶことができました。

それと同時に、やはり「心の声」を読み取るちからもメキメキと頭角を現し始めました。オーナーも店長も「大学卒業後は、ここにおいで」と、ありがたいお言葉を掛けてくださっていましたが、大学の推薦で地元の一流企業に内定。今後の後輩たちの採用にも影響するため、「辞退」ができませんでした。オーナーからは「もったいないわね。本当にみこちゃんは、この仕事に向いていたのに。堅い仕事に就くようだけど、また氣が変わったらいつでも戻っておいで」と、最大級のプレゼントをいただくことができました。

人に寄り添い、笑顔にする仕事。自分の大好きなことや得意なことでどんどん周りの人が笑顔になり、その笑顔の輪がさらにどんどん広がる喜び。このショップのバイトの経験から、さらに自分の「天職・天命」に近づいたなあと感じました。

あるお兄さんが私に残してくれたもの

その後、地元の一流企業に就職し、順調に過ごしていたある日、一人の男性と友人の結婚式で知り合いました。その人は3歳上で、「寅年」でした。見るからに華があり、話も面白く、良い言い方をすれば「男前」、悪い言い方をすると「チャラい人」でした。私も「かっこいいな」とは思いましたが、モテ過ぎて彼氏にすると大変そうだと思い、あくまでも「お兄さん」として「友達のなかの一人」として見ていました。

その「お兄さん」は、いつもメールや電話をくれて、頑張っている私を励ましてくれました。仕事で失敗したときには「ドライブでも行くか」と、夏には海に連れて行ってご飯までごちそうしてくれたり、家族の話、自分の姪っこが可愛くて仕方ないことなど、楽しく、面白く話してくれました。いつも「みこちゃんは、幸せにならんといけんよ」と、励ましてくれる優しい人でした。

ある寒い夜のことでした。眠っていた私の携帯が突然鳴り目が覚めました。「お兄さん」からです。「コンパに行ってくるよ。美人の彼女を見つけてくるから、また可愛い妹（私）に紹介するわ〜」とだけ言って「お兄さん」は電話を切りました。そのまま私は眠りました。が**胸騒ぎがしました。**

翌朝、目が覚めると携帯の「留守電ランプ」が点滅していて、「メッセージあり」の表示が。

「あ！　言い忘れた。みこちゃん、絶対幸せになれよ。いつも応援してるからね」

テンション高めの優しい声でメッセージは終わっていました。「何なん？　これだけ言うためにわざわざメッセージ残したんじゃな」と、メッセージを聞いて会社へ出勤しました。すると、女の先輩が血相を変えて私の所に来て、「○○くん、今朝交通事故で亡くなったのよ。今夜、お通夜だけど行く？」と。

突然のことで、意味もわからず「え？　メッセージ入ってたんです。何かの間違いじゃないですか？」と聞き返しても、やはり答えは同じでした。その先輩は「お兄さん」と同じ地域に住んでいる知り合い。私が友人だということも、もちろん知っていたのです。私は一緒にお通夜へ。

お通夜で見た光景は、あまりにも辛いものでした。「お兄さん」の家族、お父さま、お母さま、お姉さま、おばあさま、そして、あの姪っ子ちゃんがおられ、お母さまは、半狂乱状態で泣き叫んでいます。

おばあさまは「私の孫は、男前なんよ。こんな顔じゃない。この子は別人で、まだ違う場所で生きとる!」と、涙を流して繰り返し繰り返しつぶやいていました。お姉さまに誘導され「お顔を見てください。顔からぶつかったから、顔が顔が……」と、言葉をつまらせて、お母さまと泣き崩れておられました。

棺《ひつぎ》のなかの「そのひと」は、私の知る「イケメンで笑顔のかっこいいお兄さん」ではなく、まったくの別人でした。私もショックのあまりどうやって帰ったか覚えていません。先輩が「〇〇くん、深夜に飲み会から帰宅途中に、スピードを出していて、急カーブを曲がりきれず電信柱に激突して、車は大破。シートベルトをしていなかったから、顔から窓ガラスに激突して、即死だったそうよ。今朝、犬の散歩をしていた人が発見して、もうそのときには……」と。本当にショックでした。

両親や祖母に話して、私にできることはないかと相談したところ「みこの真心からの読経供養をしてあげなさい」と言われ、言われた通りに毎日毎日「ご供養」をしました。家族も一緒に供養に参加してくれたり、私が夜一人では眠れなくなってしまったので、父と母の間にはさんでもらい、川の字で毎晩毎晩寝てくれました。

ある日のこと。リビングで勉強をしていたら、小さなガラス窓がぴかぴか光り輝くのを見て、不思議に思っていたら「みこちゃん、開けて」と、声がします。慌てて窓を開けるとそこには、黄金に輝くニット帽を被ったいつものイケメンな「お兄さん」がいました。

「**これ、かっこいいじゃろ。もう車には乗れんみたいだから、これからチャリで行ってくるわ。もう心配せんでええから。みこちゃんは、幸せになれよ。みんなを幸せにするんだからな。じゃあな**」

光輝く「お兄さん」はチャリ（自転車）で暗闇に消えていきました。

「このことを伝えないと」と思い、家族に相談したら「みこの感じるままにしなさい」と言ってくれたので、「お兄さん」のお母さまに連絡して、仏壇に焼香させていただき、お墓参りの後、「お兄さん」の小さな頃のアルバムを見ながらいろいろお話をさせていただきました。

お母さまも「この子の分まで必ず幸せになってね。それがこの子の最後の言葉だから」と言ってくださり、「お兄さん」が残してくれたものは絶対無駄にはしない、と強く決意しました。改めて**「みんなを笑顔に幸せにすること」**をこれからの使命とすることにしました。

そして同時に、これからは「お兄さん」に**「みこちゃん、これ本当に幸せか？」**と心配されないことを基準にしようと誓いました。祈りは必ず通じます。

お兄さんが残してくれたもの。

「みんなと必ず幸せになる」ことの約束。

七日間の美浄化レシピは手話表現から生まれた

私のなかで「みんなと幸せになる」ことが目標となり、仕事に邁進していた頃、「聾唖《ろうあ》」の客さまと出会いました。ある日、ロビーできょろきょろしている老夫婦が来店され、話しかけるも素通り。ロビーに下りて話そうと近寄ると、奥さまが「あー、あー、あー」と声を出されていました。

「もしかして?」と思い、紙と鉛筆をご主人に渡したところ「水道料金を払いたい」と書かれました。見よう見真似で、以前テレビで見た「手話」で会話をしたところ、ご主人は書くことと手話が可能ですが、一切声は出せないとのこと。奥さまは、4歳までは聞こえたらしく、その記憶で声を出されていて、手話は可能だが読み書きはできないとのことでした。

それを知った私は「何とかしなきゃ」と思い、平日の業務終了後、週に1回、公民館の「手話講座」を受講することにしました。お客さまの氣持ちに少しでも寄り添いたい。その一心でなんとか手話をマスターすることができ、その聾唖の老夫婦の相談に乗れるようになりましたが、他のお客さまにも聾唖の方や、別の支援が必要な方々がいらっしゃることを知りました。

「まだまだ私には『みんなと幸せになる』ために必要な勉強がたくさんあるんだ」と感じました。そして、毎日を「いかに過ごすか」をさらに極めること、健康な方でも、支援が必要な方でも、老若男女みんな平等に過ごせる「**幸せな環境作り**」**には**「**お掃除**」**は常に必要**だということに氣付きます。

そして、「手話表現」のなかで、月曜日＝月（つき）、火曜日＝火（ひ）、水曜日＝水（みず）、木曜日＝木（き）、金曜日＝金（お金）、土曜日＝土（つち）、日曜日＝赤＋休みというように、「**月曜日から日曜日の手話表現**」**が**「**七日間のみこ式美浄化の曜日に着目するヒント**」**として出てきた**のです。

曜日の女神さまの

みこ式美浄化のルーツとなった手話表現

月曜日
上から下へ親指と人差し指をくっつけて、指を開きながらまたくっつける
「三日月の形」を表現
お月さま
火曜日
①
②
「赤」
「火」が燃え上がる様子
唇に人差し指をあてて横へ（赤の手話）
開いた手のひらをゆらゆらさせながら上へ
お火さま
水曜日
波のようにゆらゆらと
手のひらを上にして波のようにゆらゆらと左から右に移動
「水」が流れる様子
お水さま
木曜日
両手の親指と人差し指を開いて手首を返しながら上へ
木・樹
樹木・氣・着
大きな「木」が伸びている様子
お氣ものさま

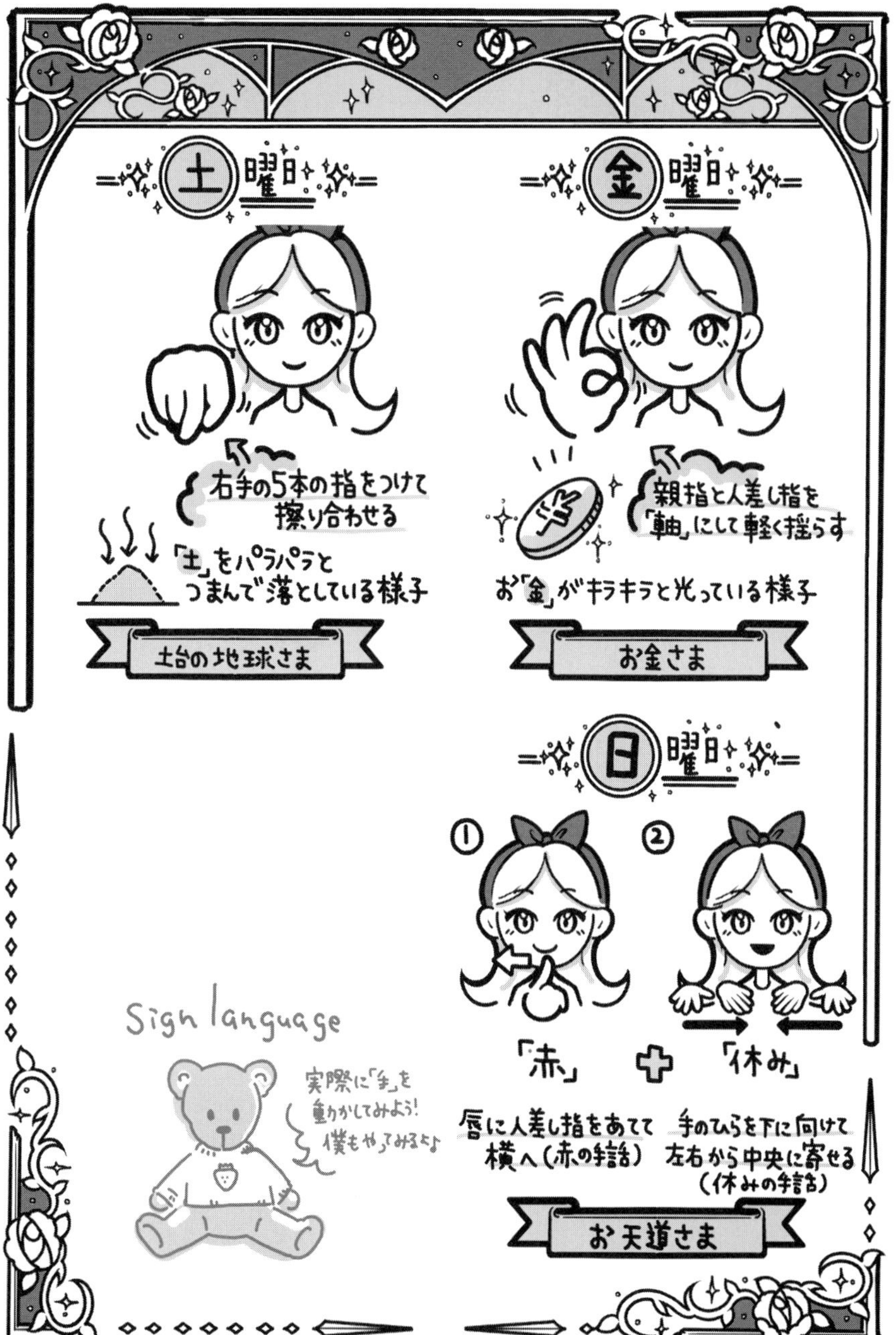
金曜日
親指と人差し指を「軸」にして軽く揺らす
お「金」がキラキラと光っている様子
お金さま
土曜日
右手の5本の指をつけて擦り合わせる
「土」をパラパラとつまんで落としている様子
土台の地球さま
日曜日
①
②
「赤」
「休み」
唇に人差し指をあてて横へ（赤の手話）
手のひらを下に向けて左右から中央に寄せる（休みの手話）
お天道さま
Sign language
実際に「手」を動かしてみよう！僕もやってみるよ♪

「これだ！　みんなと幸せになれる神仏さまや宇宙の法則を織り込み、オリジナルの仕組みがもしかしたらできるかも」と、その頃考えていました。問題に直面したときは、必ず「掃除」をする。お寺でも修行する前は、必ず身を清め掃除をし、仏門に入るのだから。

順風満帆だった人生が「岩戸」に閉じ込められた

しかし、私生活はと言うと、急に暗雲が立ち込めるようになったのです。お付き合いしていた男性と結婚間近までいったにもかかわらず、一方的に連絡が途絶え、婚約破棄状態となり、私の前からいなくなりました。

さらにその後に出会った方とは交際9か月で入籍したのですが、お互い時間帯が異なる特殊な仕事であったためか、7年間の結婚生活で一緒に旅行に出掛けたのは新婚旅行のたった一度だけ。それどころか夫婦二人で一緒に食卓を囲んだのも数えるほどでした。彼がギャンブルが好きなことも結婚後にわかり、休みの日でも朝早くからパチンコ屋へ行き夜遅く帰宅することも多くなり、私の心も家計も次第に圧迫されていきました。

子どもがいればなんとかなるかもと思い、不妊治療にも通い始めましたが、多額のお金と時間を費やし、仕事をしながら注射や薬漬けの毎日。心身ともに限界になっていきました。

ある日、ぽつんと部屋で一人、おかずもない冷たい白飯を無表情で食べている私を偶然、近所まで来た私の家族が発見。身体の弱い兄が「**もう、お家に帰ろう。みこ、みんなで一緒にご飯を食べよう**」と一言。涙が止まりませんでした。そのときの私の体重は35キロまで減っていました。

あの頃の私は、「どうしたら旦那さんや旦那さんの家族が幸せになれるか」ばかりを氣にして「自分が幸せになること」を自分軸で考えていなかったので、「**自分**

さえ我慢すればいい、自分が頑張ればいつか努力が報われて、神さま仏さまもちからを貸してくれるはず」と、勝手に一人で思い込んでいました。

間違った「他人軸」であり「間違った神仏さまの見方」をしていました。なので「**大好きは大好きを呼ぶ法則**」とは逆のことを私が「引き寄せ」てしまっていたのです。

宇宙さまは、凄いです。しんどくて辛いことを次から次へと呼んでくるのです。それは、私が「焦ること、無理をすること、楽しまないこと」を繰り返すだけで、幸せとは逆の現実を、形を変えて呼んできました。それは、ひとだったり、ものだったり、病氣だったり。手を替え品を替え、追い打ちをかけてどんどんやってきました。「幸せになりたいのに、なぜ?」。

心の余裕がなかった絶望期には、必要な場所以外は部屋も散らかり、自分の浄化(癒しのケア)もまったくできていませんでした。

ある日、「虫の知らせ」なのか、急に部屋を綺麗にしたくなりました。それからは仕事や病院から帰ったらすぐに「掃除」を徹底的にしていました。**掃除は小さい頃から、自分を助ける武器だった**ことを思い出したのです。すると、どんどん綺麗になることが嬉しくて、大掃除のように、窓ガラスや網戸、お風呂場、トイレなど、家中隅から隅まで、毎日毎日掃除しまくりました。

そのときは、まさか「離婚」するなんて思ってもいませんでしたが、その「みこ式美浄化」で結果的に、「私が」その場から、「卒業」することになっていたのです。

極限のときは、生死を彷徨《さまよ》うところまで、精神的にも追いつめられていきました。

「私は、何をやっているんだろう。私は、何がしたいのだろう」

深い真っ暗な底の底。冷たく**「岩」のなかに閉じ込められているような感覚。**何を言われても、何をしていても、何も感じない。何を食べても、無味無臭。何も楽しくない。空っぽになった私は、涙も枯れ果てて、「本当の声」を出すことさえできなくなっていました。

その後、何度か家族を含めた話し合いがありました。いろんなことがありましたが、その頃のことは、ほとんど覚えていません。彼と最後に会ったとき、やり直したいとも言われました。でも、私は頷《うなず》くことができませんでした。

「頑張ったけど、もう疲れました。幸せにしてあげられなくてごめんなさい。最後に、逃げてごめんなさい」

何度も何度も謝りました。そして、時間がゆっくりと二人を引き離すように彼も「みっちゃん、幸せになってね」と言ってくれて、握手をしてお別れしました。繋いだ私の手をゆっくりと振り解き、彼は去りました。

「あ、私、これ見たことあるわ」と、目から流れる「お水さま」とともに、あの遠い記憶が蘇《よみがえ》りました。あの「お兄さん」の言葉。

「みこちゃんは、幸せになるんだよ」

「私、今度こそ自分で自分を幸せにしないと」と、流れる「お水さま」が長い年月をゆっくりと浄化するように、去っていく彼の後ろ姿が見えなくなるまでじっと見つめていました。

「ごめんなさい。そして、今まで本当にありがとうございました」

そして、また**「助けなさい、助けなさい」**と、あの声が聞こえ始めたのでした。

神道との出合い、神仏習合への道

そんな結婚生活でしたが、辛いことばかりではなく、感謝していることもたくさんあります。一番は「神道の勉強」ができたことです。結婚前に相手の実家は「神道」の家系で、三代目だと聞いていました。私は仏教三代目でしたので、その家に入ったら「神道」を信仰することを決めていました。それが相手の家族の希望でしたので。

そこには、96歳のおじいさまが同居されてました。宮司の資格も持っておられ、神仏はもちろんのこと、茶道、書道、華道にも精通されており、その地域では有名な方でした。

初めて自宅に伺ったとき、神さまのお部屋に通されました。扉の奥には、「光」

と書かれた、なんとも堂々と立派な、命が宿っていて今にも動き出しそうな大きな書が壁に掛けてありました。

「まあ、私の一番好きな字です。しかも、私の仏教の名前は『光の代わりと書いて光代ですから』」と、挨拶をすると同時に、思わず話していました。

そのおじいさまは、「お帰り。よくここまで来ましたな。待っていました」と、少し不思議なことをおっしゃいましたが、その言葉で、すべてが腑に落ち**「ここで、神さまの修行をさせていただくのですね」**と確信しました。まさに、神仏さまのお導きだと感じました。

おじいさまを頼って遠方からお参りに来る方々も多く、私もその行事のお手伝いをさせていただくことがよくありました。**「みこ」だけに「巫女」の勉強**もさせていただき、県外にも出向き「神道修行」として、おじいさまとともに修行や勉強をさせていただく機会もありました。結婚相手と一緒にいる時間よりも、おじいさまと過ごす時間の方が自然と多くなっていきました。

とても厳しい方で、手を上げられることもあり、一人で涙することもありましたが、結婚相手のお母さまが大変良くしてくださり、今でも感謝でいっぱいです。人間なので、誰でもずっと近くに一緒にいると、良いところも悪いところも出てきます。完璧な人などいない。怖くて逃げ出したくなることもありましたが、運命は容赦ありません。

おじいさまは、私のちからのこともすべてを理解されていて、参拝者の方の前でも「みっちゃんは、どう感じた？」と、私の意見をきちんと取り入れてくださいました。私の感じたままをお伝えしたら、ある不妊症のご夫婦は、参拝された翌月に見事妊娠されたことがあります。また、探し物がないと相談にこられた参拝者の方にも私の感じたままをお伝えしたら、「無事に発見しました。感謝します」とお電話をいただき、神さまに仕えることの大切さを学びました。

その後、私のなかで体力と精神状態から限界を迎え、また、**人間としての精神修行が未熟だったせいで、最後までお勤めができず申し訳ないことをしました。**離婚後、理由はどうであれ、たくさんの方々に迷惑をかけたし自分にもけじめをつけるために、相手の家族に謝罪をしに伺いました。おじいさまに会わせていただくことはできませんでしたが、あちらのご両親に謝罪をして帰りました。その数か月後、おじいさまは天国へ旅立たれたと、風の便りに聞きました。

離婚してから、おじいさまが教えてくださった「祓祝詞《はらえのりと》」を毎晩毎晩唱えていると、夢に「**もうええ。幸せになれよ**」と言っていただくことができ、反省と感謝の涙でいっぱいになりました。生きる上で、大切な人を傷つけたり、心配をかけてはいけない。「**もう絶対焦らない、無理しない、自分の人生を楽しもう**」と強く決心しました。

おじいさまとは、たくさん様々な話をしました。そのなかでも「**人生の真の目的は地の上に**」とよくおっしゃっていました。きちんと自分のちからで地に足をつけ、自立すること。しかも、人生を謳歌すること。おじいさまは、趣味も多彩で、博学で「神さまのことは何でも知っている、もの知り博士」だといつも思っていました。

私の神道の師匠であるおじいさまへ。

未熟な私に、真の神の道を命がけで最後まで優しく、厳しく教えてくださりありがとうございました。

二度目の人生は、決して同じ過ちを犯さず、前だけを向いて元の氣で生きていきます。

大好きな幸子先生との再会

離婚後すぐのことでした。小学2年生から毎年、大人になってからもずっと、大好きな幸子先生に近況報告として年賀状を送っていました。しかし、12月の私の誕生日に離婚し、その後しばらくは精神的にも年賀状を書く氣になれず、誰にも年賀状を出していませんでした。

程なくして、先生から年賀状が届きました。

「みこちゃん、どうしていますか？　先生は心配しています。連絡ください。先生はずっと待っています」と書かれていました。私は涙が止まらず、すぐに先生の赴任先の小学校へ電話をしました。

「みこちゃん、どこにいるの？　会いにおいで。いつでも先生は待っているよ」と、あの頃と何ひとつ変わらない先生の優しい声。すぐに私は、先生の待つ小学校へ車を走らせました。

「先生、ごめんなさい。先生、心配かけてごめんなさい」。駐車場で待っていた幸子先生の手には毛布が握りしめられていて、私が車から降りるなり、素早く私のもとへ駆け寄り「もう大丈夫。よく会いに来てくれたね」と、優しく毛布でくるんでくれました。そしてあの頃のように優しく優しく、頭を撫でてくれました。

あのときと同じように、先生からは優しい、とってもいい香りがしました。「今日は、とても寒いから、あたたかい教室でココアを飲もうね」と、寒さと泣きすぎて生まれたての子鹿みたいにガタガタ震える私を抱きかかえるように、先生は私を教室に連れて行ってくれました。先生は、しばらくの間、自分が今受け持っている生徒の話をしたり、同僚の先生がストレスで病気になり、その後亡くなってしまったことなどを話してくれました。そして、いよいよ本題に。

「先生ね、何にも知らずに、みこちゃんがいるかな～と思って、あちらの家に行ったら、あちらのご両親から『もう、あの子はいないんです』って聞いて。お家の方はまるで宝物をなくしたような悲しくて寂しい目をされていて、『みこちゃんはいい子なのに、なんでこんなことになったの？』と、信じられなくてね。だから、先生は年賀状に、ずっと待っています。と書いたの」と教えてくださいました。

私は、今までずっと我慢していたことや寂しかったことを全部話しました。「とても辛かったんだね。みこちゃん、ちょっと待っててね」と言うと、先生は「あるもの」を私に見せてくれました。

それは1冊の「絵本」でした。「あ！　これ、私の！」と思わず、声が出てしまい、涙がぽろぽろとこぼれました。先生に促されページを開くと、そこには大きな字で「せんせいへ」と書いた手紙がはさまっていました。私が、あの日先生に絵本と一緒に渡した「手紙」でした。

「中身を見てごらん」と、先生に言われ、封筒から手紙を取り出し読んでみました。

「わたしは、おおきくなったら、せんせいみたいにみんなをしあわせにするひとになって、おばあちゃんやおとうさんやおかあさんやおにいちゃんとげんきになかよくくらしたいです。よわいひとがいたら、いっしょにがんばるし、わるいひとがいたらやっつけます」

あとは、その絵本の主人公のように、正直で素直でまっすぐなひとになりたいから、毎日お勉強も神さまのお手伝いも頑張る、という内容でした。

「ね、すごいパワーでしょ。いつも先生はこの絵本と一緒に手紙も読んで、大好きなみこちゃんのことを生徒に話すのよ。この子は凄いって。元氣で明るくて笑顔がかわいい、先生の大好きな生徒なのよって」

私は、幸子先生のずっと変わらない優しさと、7歳のあの頃の「自分」に励まされました。もう逃げない。大好きなひとを悲しませたくない。私は、私を幸せにするんだと。先生に何度も何度もお礼を言いました。「また、いつでも来るのよ。一人で悩む前に先生に会いにきなさいね」と、しっかりと手を握ってくれました。そして私が見えなくなるまでずっと手を振ってくれました。

それは、泉から波紋が静かに広がるように、ゆっくりゆっくり、優しく、強く。

言葉は、時空を超えます。愛も優しさも、無限のパワーがあります。

先生から、また大きな大きな愛と優しさと、無限の希望の光を与えてもらいました。たくさんの「お水さま」の涙とともに、浄化され、今までバラバラだったパズルのピースすべてが「カチッ」と音を立ててひとつに繋がった瞬間でした。

ところで余談ですが、幸子先生は間接的にこの本を生み出すきっかけとなっていたと思います。直接的には後ほど登場する「Qさん、こと、まるいひと」とのご縁ですが、「まるいひと」を繋いでくださったのが、ファッションカウンセラーの小川かつみさん、かつみさんを紹介してくださったのが、イラストレーターでエッセイストの柴崎マイさんでした。

インターネットで初めてマイさんを発見したとき、「あっ！　幸子先生だ」と見間違えるほど、よく似た雰囲氣だったのです。すぐにマイさんに連絡をして会いに行けたのも、もしかしたら先生と思っていたからかもしれません。そしてマイさん

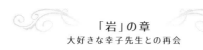

も、まるで幸子先生のように私によくしてくれました。

ちなみに、「まるいひと」とマイさんは、私と出会うずっと前から友人だったと後から知りました。ご縁はまるく結ばれていました。

生まれ変わる決意！　本当に好きなことだけをする！

離婚して、おじいさまも亡くなり、それからしばらくは、仕事以外、何もやる氣が出ませんでしたが、一度死んでまた生まれ変わり、自分の人生をもう一度生き直そうと氣持ちを新たにしました。

今までやりたかったけどできなかったことをやろうと決意し、片っ端から手を出していきました。

・今の仕事のスキルアップとして「創業や起業する側」のことを勉強したい

↓起業塾に入塾する

・心身の癒しとしてアロマを学びたい
↓素敵なご縁から日本でも一流の先生に弟子入り

・英会話スクールで日本人だけじゃなく海外の方とも交流したい
↓駅前英会話スクール留学

・女の子だからエレキギターは弾いてはいけないという勝手な思い込み
↓ドラムとエレキギターを音楽スクールで学ぶ

時間とお金をすべて注ぎ込む勢いで**「自分のために」**投資しました。

思えば、習いごとも塾も受験も学費も、今まではすべて親のお金でさせてもらっていたので、自分で働いて自分のために**「元の自分に戻るための作業」**と**「本当に好きなことにだけお金を使うこと」**を、ゆっくり焦らず楽しみながらすることにしました。

たまたま出勤時に目にした「起業塾」のポスター。導かれるように参加したのですが、長らく金融機関で働いてきた私には「新しい世界」と「自分を知ること」と「人脈づくり」の大切さを学ぶきっかけとなりました。

新たな世界と人脈は、今の私の軸のひとつである「アロマ」との出会いを引き寄せました。英会話スクールにも楽しく通うことができたのですが、ずっとやりたかった「音楽（ギター、ドラム）」との出会いは、宇宙級の導きを演出してくれました。

天に召された3歳上の「お兄さん」と同じ「寅年」。私より9歳下の男の子と友達のつながりで出会いました。バンドをしていてギターができる。音楽をはじめ、いろんな偶然が重なりすっかり意氣投合。その「寅年の男の子」に音楽の楽しさを改めて思い出させてもらいました。

ちょうどその頃、SNS上でたまたま繋がった、同じく9歳下の女の子からメッセージが来ました。

「みこさん、宮島の弥山《みせん》に呼ばれていると思います。是非来てください」

まだ一度もお会いしていないのに、なぜか「今、行かないと」という体感が来たと同時に、また例の「助けなさい、助けなさい」という声が聞こえてきました。行かない理由はありません。ただ、相手が女の子とはいえ初対面で一人は心細いので、例の「寅年の男の子」に声を掛けると快く了解の返事が来ました。

不思議なご縁で繋がった、9歳下の「寅年の男の子と女の子」、二人をおともに。まるで、鳥居の前に鎮座する2頭の「狛犬」、宮島では「虎」、そして岡山県から桃太郎の鬼退治の如く、雄と雌の2匹の寅の守り神、化身に護衛され弥山さまに登りました。

弥山さまで起きた不思議な体験

以下、そのときの様子をありのまま書きたいと思います。

私は、生まれながらに生まれ変わった。そう、何度でも何度でも私は元に戻る。この地球に放り込まれた理由。あれは、遠いとても暑い日。

私は、一人の女性に戻るため、巫女の鎖をようゆう僧侶の不動明王さまの火の剣で切られました。

初めて会う宮島の大聖院のようゆう僧侶は、私の目を見るなり、

「680年前から巫女としてのお勤めご苦労様です。ずっと長い間、お待ちしてお

りました」

と、私の名前はもちろん個人情報など一切知らないのに、そう言い残し、簡単な受付をし、いよいよ弥山の頂上の一番近くのお堂の「三鬼堂」へ入りました。

明らかに、空氣が違う。壁には我々を見下ろす天狗が一面にびっしり。ようゆう僧侶の叩く太鼓の音。魂を揺さぶる音。法螺貝《ほらがい》を吹く勇ましい息づかい。手のスナップの使い方、明らかに素人ではない。それもそのはず、ようゆう僧侶は全身タトゥーを施した元ドラマー。福岡でバンドを組み渡米。帰国後、なんと歯科医師になり、さらに僧侶になったという、驚くべき経緯の持ち主でした。

そのパンチのある生きざまと、叩く太鼓の音。魅了されて私の魂も一瞬で鷲掴みにされました。

そのときです！

一氣に空氣が変わりました。私は、一度ならぬ、二度死んだのです。

詳しくは覚えていませんが、浮遊霊がたくさん私の身体に入り込み、身体を取り合った末、私は私の身体に戻れず、**真っ暗な「岩」の塊のなかに入れられ**、火で炙《あぶ》られ、水で冷まされ、また息を吹き返したと、一緒に登った二人から聞きました。

憑依《ひょうい》されたのです。このようなことは幼い頃から度々あり、それが常となっていたのです。そう、これが私の真の姿、その一部でした。以前、神さまにお仕えしていたときも常となっていたこと。私の知らない、私の一部。

まだ誰にも（家族、親友以外）言っていない、そして、神仏関係者以外に見せていない姿をそのとき、他人に見せてしまったのです。

ようゆう僧侶が、

「この娘は言霊音霊を遣いし者、680年前より神子《みこ》である。神の使い手だからこそ、今まで守られ封印されていた。香り、音で浄化し、美しく、楽しく、皆を幸せにするのが使命。綺麗な魂だからこそ、綺麗な身体だからこそ、今世で遣われてしまう。この娘の姿を見ても大丈夫か？　またこのようなことが起きても私はすぐに助けてあげられない。君に不動明王さまの火の聖剣を託す。この娘に何かあれば、この不動明王さまの火の聖剣で、この娘の背中を4回切れ」

そう言いながら、私が巫女として、神子として使命を果たすとき、また悪霊に取り憑かれないように、その「寅年」の男の子の「右腕」に、不動明王さまの火の聖剣を刻み、私の「身体」全身にも、同じく不動明王さまの火の聖剣をお刻みくださったのです。

ようゆう僧侶により、不動明王さまの火の聖剣を刻まれた私の身体は、**不動明王さまの火の聖剣のちからで、見えない「火」を操ることが可能になりました。**

我が身はもちろん、周りの人に危害が及ばないように不動明王さまの火のちからを使うことで、結界を張ることも可能になりました。その頃から周囲の人たちは、私に近寄ると口々に「熱い、熱い」と言うようになり、これを「**みこ熱**」や「**みこ念**」と言うようになりました。

「**我が身はもちろん、周りの人に危害が及ばないように、みんなの幸せを守るため不動明王さまの愛と優しさの火の聖剣のおちからを使うこと**」

その姿を見たからかどうかは、今ではもうわかりませんが、その日を最後に「寅年」の男の子は私の前から忽然と姿を消し、二度と私の前に現れなくなりました。

かつみさんとの出会い、そして、まるいひと

私は、しばらくの間、また一人で苦しみました。

「やっと暗く冷たい岩戸から出たと思ったのに、あと一歩だったのに。この世には、もう私を助けてくれるひとがいないんだ」と嘆きました。不思議過ぎる体験を簡単に信じてくれるひとなどいる訳もなく、また誰に言うこともなく。その当時の私は、本当に辛かったのです。

「もしかして、私は巫女の鎖を切られたんじゃなくて、『女としての幸せのご縁』まで切られたのか?」とも思ってしまいました。怖くて怖くて、私のなかに戻りつつあった「生きる希望」や「情熱の小さな火」すら、消えそうになっていました。

その後、男性と「一対一」で会うようなことはもちろん、あらゆる男性との接触も一切絶たれました。会おうとすると台風で天候が悪くなり電車が不通になったり、車がパンクして動かなくなったり、大雨で外出できなくなったり、スマホが故障したり、突然玄関の傘立てが倒れて足を怪我して会いに行くことができなくなったり。とにかく「男性との接触、会話」すべてが絶たれました。そして、自ら進んで男性を好きになることも、徐々になくなりました。

それからです。「このままでは、いけない！」と奮起し、自己との対話、「神仏さまのみこごと」に立ち返ること、今の自分の在り方を見直しました。仕事以外で、いろんなことを試したり、学んだり、氣になるひとには業種にかかわらず積極的に会いに行きました。

私は、小さな小さな火を消さないように必死で毎日を生きました。本当に無我夢中で毎日を必死に生きました。そして「**当たり前の毎日こそ、丁寧に生きるんだ**」と、さらに生活の軸を改め、改善に改善を繰り返す毎日を送りました。これが「みこ式美浄化」のさらなる基礎作りだったのです。

私は、仏教学にもさらにちからを入れ、毎日をより丁寧に生きること、毎日を振り返り、悟ることを習慣化しました。また「神仏さまのみこごと」によって神仏さまとの対話、自己との対話をさらに強化するようになりました。そうして様々な方々とのご縁が、自然にどんどん繋がっていきました。

次第に自分との調和がとれるようになると、それと同時に浄化の方法も習得し、元々備わっていた生まれながらの「不思議なちから」と、弥山さまでいただいた不動明王さまの「火」のちからを、徐々に自分でコントロールして使えるようになっていきました。

私のなかの小さな小さな火は、こうして、私の笑顔の復活とともに、どんどん元の氣に戻り、進化し、神化し、ゆっくりと着実に拡大していきました。

それから数年後、「美浄化には音や色のちからも関係している」ことに行きつきました。その絶妙なタイミングで音楽スクールの卒業記念として「**浄化と再生ライブ**」を行うことになります。

同じ岡山県で活躍されていたファッションカウンセラーの小川かつみさんと知り合います。美しく愛らしい容姿のかつみさんが、私の「ヘアメイクや衣装のトータルプロデュース」をしてくださることになりました。卒業ライブは見事に大成功を収め、それがきっかけで、かつみさんは私に「女性としての幸せ」を思い出させてくださる、何でも話せる姉のような存在になりました。

かつみさんの手により、外見も中身もどんどん洗練され、「**私にとっての最後の作業**」をしてくださり、私は、「本来の自分」を自らの手で取り戻すことができました。そして、そのかつみさんから、

「**みこちゃん、このひとに会うといいよ。今のみこちゃんのエネルギーに合う**

ひとは、老若男女問わず、おそらく、地球上でも宇宙のなかでも、私の知る限りこのひとしかいない」

と言いながら手渡された本が、「まるいひと」が書いた『**「言葉」が人生を変えるしくみ　その最終結論。**』（Clover 出版）でした。

その本を差し出したかつみさんは、まんまるな光につつまれ、大日如来さまのように眩しかったです。

「まるいひと」を助けなきゃ！　そして私は「岩戸」から出た！

私は、本の中身を読まなくても、大体は手の感触から「**これ、私見たことあるわ**」と感じるくらいの体感がありました。そして実際、私が幼い頃からずっと考えていたことや、これからどんなことを研究して、どうみんなと幸せになるかの方法が詳細に書かれていました。まるで私の頭のなかを、この「まるいひと」が一度見たかのように。

「会います」と、二つ返事でかつみさんの「天性の見極めちから」と相成り、その1年後、遠い昔に会ったことのあるような僧侶風の「まるいひと」と知り合うことになりました。

2018年の5月19日。かつみさんや私が所属するサークルが、自転車旅を趣味とする「まるいひと」を迎え入れて、トークライブのイベントを開催することになり、その前夜祭。メンバーの待つ岡山市内の居酒屋に、「まるいひと」はやってきました。福岡から自転車で。外はすでに暗くなっていました。

「私、見たことあるわ」

初めて会う氣がしませんでした。懐かしい香りがしました。遠い遠い遥かな記憶。インドの砂ボコリにまみれ、大きな荷物を背負い、その「まるいひと」は、不動明王さまの火を背後に携え、大雨に打たれたように全身はずぶ濡れ、頭にはお経の文字が無数に貼りつき、辞書や新聞紙が突き刺さり、表情は憂いを帯び、心は捨てられた子犬の如く泣き叫んでいました。

「見るからにバランスが悪いし、なんでこの『まるいひと』は、泣いているんだろう？」

会う前からの疑問が私のなかに湧きました。詳しく言うなら、この「まるいひと」のなかで「捨てられた子犬」、いや「幼い女の子」がしくしくと泣いていました。

「みこちゃん、助けなさい」。そう声がしたと同時に、「ひさちゃんを助けて、見守ってやって。あんたも助けてやるさかい」と、関西弁の年配の女性の声も重なって聞こえました。

「ずっと聞こえていた声は、これだ」と感じました。

この目の前の「まるいひと」を、ただ助けたかった。それだけでした。泣いているこの「まるいひと」を「助ける」こと。助ける方法なんて知らない。けど、助けなきゃ。そう。これだけ。

ホコリまみれの身体の後ろには、経典の巻物をたくさん背負っていて、象にでも乗っていたかのような、しわしわの衣服。インドとエジプトの香りも少し混じっていました。

「このありがたいお経を布教しなきゃ」

これが、「まるいひと」との衝撃の出会い。この旅の直後、14年間の密教修行の集大成である、「まるいひと」の新刊『僕らの魂が地球に放り込まれた理由』（KADOKAWA）が出ることになっていました。それは「現代のお経」でした。

しかし、それよりも、とにかくこの「まるいひと」を「元のまんまる」に戻さなければ。そう、そこからすべて始まったのです。

私のなかの、小さな小さな火が、この「まるいひと」のなかの火と重なり、大きな大きな「炎」になった瞬間、「あ！　これ見たことあるわ」と、上からバンバン降りてくる体感がやってきました。

そのとき、私と「まるいひと」の近くにいた人たちは、口々に「熱い。頭が割れるように痛い」とか「ビリビリする」と言っていたのも、この理由からだと思います。

一瞬で、すぐにお互いにわかりました。言霊に出さずとも、共に、不動明王さまの聖火を使う人間だと。共に、この世で同じ使命を宿した同志だと。

かつみさんからの計らいで初めて会ったイベントの一週間後、仏教道の勉学中に、初めて「まるいひと」から連絡をいただきました。その連絡が来たときも、ちょうど「読経供養」の凄いタイミングでしたから。

私はあの日、ようゆう僧侶に、時空を超えて**「この瞬間に、このときのために、戻されていたのだ」**と知りました。ようゆう僧侶には、すべて見えていたのです。私は、この出会いのために、神仏さま、ご先祖さま、そして宇宙さまに守られていたのだと。心身を神仏から守られ導かれていたのだと。すべての過去の経験は「この日」のため。

「私は、もう、迷わない。もう、大丈夫なんだ」「私は、使命を果たす！」と、覚悟した瞬間でした。

そのときです。まるいひとに、

「みこちゃんは、言うことがすべて現実になるし、すべてが見えているから、56億7千年後から来た弥勒菩薩？　もしかして、伊邪那弥子《イザナミコ》ちゃんやないの？」
と言われました。

そのとき、一氣にばばば～と音を立ててすべてのパズルのピースが繋がりました。私は思い出したのです。伊邪那弥《いざなみ》、天照大御神《あまてらすおおみかみ》、そして、卑弥呼《ひみこ》が「岩戸」に入っていたことを。

そして、私の「名前には、『弥』が入っている」こと、私の「みこごと」や私のDNAのルーツ、祖母や、またその祖父が、鈴を片手に「神降ろし」として、地元の人々に崇拝され、みんなの幸せに身を捧げていたということ。

「今の私、そのものじゃ！」

①女性は、伊邪那弥が神話の世界で受けた過去の傷が、カルマ、トラウマとして残

っている、だから誰でも「岩」に簡単に入ってしまう「癖」が備わっていること（身体のなかに、子宮という「岩」を持っている）

②その「岩」から出る方法を、今までの一つひとつの過去の経験により知っているということ

③「まるいひと」のその一言で（「開けゴマ」の呪文のようなもの）、今までバラバラに思えたすべての「鍵」が集まり、「みこ式美浄化のレシピ」に命が宿ったこと

すべてが繋がり、互いの目覚めと覚醒が重なったとき、そこからお互いに覚醒し、「まるいひと」もみるみる顔が「まるく」、そして、目まで「二重まぶた」に変わっていきました。正確には、美しく浄化され、どんどん元の氣に戻っていきました。

沼から嵐、嵐から大雨、大雨から虹のかかる青空の下。様々な風や波に、自然の

流れに身を任せ、流れ流され、ついには、「まるいひと」は私を暗い「岩戸」から引っ張り出しました。

世界が音を立てる間もなく、もの凄い速さで神化しました。それに伴い、私の姿かたちも、もの凄い速さで神化していきました。

「私は、元の氣に、美浄化で戻ります」

眩しかった、まんまるの光。これがあの日見た「光」なんだとすぐわかりました。また、懐かしい香りがしました。そう、あの弥山で漂っていた香り。680年前の香りがしました。

弥子としての「みこ」、巫女としての「みこ」、弥勒のみこちゃんとしての「みこ」、すべて私。

誰かに感謝がずっとできる生き方。自分にも、自分の周りにも、すべてのものにずっとずっと感謝ができる生き方。恨むより、怨むより、悲しむより、ありがとう、大好き、愛してる、そう感じながら生きることが私の幸せ。

いくら好きでも、自分が自分らしくいられない相手は「愛手《あいて》」じゃない、「愛方《あいかた》」じゃない。すべては「愛」しかないんだと。あの日、手を離してくれたことも、私を愛してくれているから。あの日、手を繋いで導いてくれたことも、私を愛してくれているから。すべては「愛」しかないんだと。みんなずっとずっと私を愛してくれていたんだと。

どんな姿、形でいても、この地球上でできる限りのことをすべて私に与えてくれる。ありがとう、ありがとう、ありがとうの光、アリガトライトを今ここに。「アリガトライト」は、ありがとう「感謝」、トライ「挑戦」、そして明るく軽く、キラキラ光る「希望の光」という意味の最上級のみこ言霊《ことだま》なのです。

「すべてに感謝します」

あの日、ようゆう僧侶は、女としての私も、巫女としての私も切ったんじゃない。私は、切られたんじゃない。

これから起こるすべてを繋ぐために、すでに起きているすべてを繋ぐために、不動明王さまの火の剣で元に戻したんだと。ようゆう僧侶は、私を本来の姿、元に戻したんだと。私がまたここに帰ってくるように。愛の火、愛の炎を感じる真の相手を連れて、「弥勒の世」を共に創る愛方を連れて、ここに帰ってくるように願いを込めて。

ようゆう僧侶は命をかけて、全身全霊で私を元に戻したのだとわかりました。あの日、私は一度死に、また蘇ったのだから。

それから私は、この「まるいひと」の主催するセミナーを皮切りにどんどん光の当たる場所に出て行くことになり、２０１８年12月15日、私の誕生日、弥山さまに登ったその日に、素敵な愛方の光、「ライトくん」と呼ばれる男性と再び今世で手を繫ぐことができたのです。

暗い「岩」から出て、眩《まばゆ》い「光」に包まれた。「美浄化」が完了した私の次の役割は、みんなを「光」で包むこと。みんなが「元の氣」に戻り、まんまるの笑顔で、まんまるに手を繫いで暮らしていける「弥勒の世」を創っていくことなのです。

地球で起きるすべてのことは、地球上のみんなで協力して解決する。

そう「弥子」は、美しく太陽の光の下で輝く花として、美浄化という最大の魔除けを現代の世に用い、上半身の文身には、不動明王さまの火の聖剣が刻まれ、数珠玉を持ち、多くの人々の多幸を祈る名前、まさに仏門に入った幼い頃に読んでいた「卑弥呼」そのものの姿となっていたのでした。

「光」の章

今まで関わってくださった、一人ひとりの皆さんの愛と優しさと感謝の「まんまるな光」に包まれ、長年にわたる暗くて冷たく、重たい「岩」の封印から出ることができた、みこちゃん。

まさに、「光の代わり」の名の如く、「愛の光」で包まれ、「光」そのものになったみこちゃんが、次は、現代の岩戸を開く方法「みこ式美浄化レシピ」で皆さんの「岩」を開きます。

もちろん、みこちゃんは、もう決して「ひとり」じゃありません。

宇宙さま、神仏さま、ご先祖さま、もちろん「岩の章」で登場した、最初に「神仏さま」の存在を教えてくれた私のおばあちゃんや、「仏教」を教えてくれたお父さん・お母さん、「神道」の修行をさせてくれたおじいさま、私に「勇氣」を教えてくれた実のお兄ちゃん。

「真の幸せ」を自らの命で教えてくれた「天国のお兄さん」。そして、「愛のあたたかさ」を教えてくれた幸子先生。その他数多くの数えきれないひとたち。40年以上の「岩」の時代で関わった、皆さんが一緒なのです。

そして、これからご紹介する、目には見えない多くの「かみさま」と一緒に、あなたを「みこ式美浄化レシピ」で、岩戸のなかの暗闇から必ず助けます。

「焦らず、無理せず、楽しみこながら」の愛言葉でスタートです。

「みこ式美浄化レシピ」では、月曜日から日曜日まで、それぞれ「かみさま仏さま」がいらっしゃいます。日本には、神道や仏教、または、それ以前から、多くの「かみさま」がいらっしゃいました。それぞれの「かみさま」の「いのち」を、月曜日から日曜日の「かみさま」は受け継いでいます。

では、その「みこ式美浄化レシピ」を具体的に見ていきましょうね。

さあ「光の時代」の幕開けじゃ！

月曜日はお月さま

① お月さまとは？

月曜日は、「お月さま」という「かみさま」がいらっしゃいます。

例えば、イザナギ・イザナミが生んだ、風のかみさま「志那都比古神《しなつひこのかみ》」や、イザナギの右目から生まれた「月読《つくよみ》」が宿っています。

その特徴は、ズバリ運を運ぶこと。そう！「**開運**」!!

「ツキ」は、「月」でもあるのです。

玄関は「ツキ」を招き入れる大切な場所で、かみさまがあなたを待っていらっしゃいます。

開運は「チャンス」や「ツキ」とも言いますよね。
「ツキ」をもたらすには、「最初の一歩」が肝心、不可欠。
その一歩を踏み出すのって、誰でもとっても大変だと思っていませんか？

でも、
もし、**毎週一度**「生まれ変わるチャンスがあるよ！」と言われたら？
もし、**毎週一度**「ラッキーが舞い込むよ！」と言われたら、どうですか？

それをすべて叶えてくれるのが、これらの「ツキ」のかみさま。
その月曜日の「かみさま」を、みんなまとめて「**お月さま**」と命名します。

②月曜日は「玄関」から！

月曜日は仕事の始まる一週間のスタートで、「第一歩目」の意味でもあるから

「行ってきます」の「**玄関**」が大切。玄関を美浄化することで、仕事始めの一週間がキラキラになりますよ。

とにかく月曜日は玄関を整えることから始めます。

具体的に月曜日の美浄化の方法について見ていきましょうね。

玄関は「玄関（ゲンカン）」、「**験**《げん》」**を担ぐ**「**関**」**所**のようなもので、常に美しくしておく必要があります。靴がバラバラだったら見栄えも悪いから、靴は常に靴箱にしまう癖をつけましょう。そうしたら、いつも手軽にほうきではいて玄関を綺麗に保てますよ。

外出するたび、その土地の念を靴の裏に邪氣と一緒に持って帰ることになるから、靴の裏のお掃除も忘れずに。靴は揃えて。出しっぱなしはダメですよ。お手々を揃えるように、靴も「**にこいち**」**ニコニコ笑顔**で揃えましょうね。

そして玄関のドアも「土ボコリ」が付きやすいので、はたきで、「土ボコリ」をササッと取り、お塩さまを溶かしたぬるま湯で絞ったタオルで拭くと、玄関から福が来るし、金運アップです。

みこちゃんポイント

- ◉靴はいつも靴箱に
- ◉靴箱をサササッとひと拭き
- ◉靴は「にこいち」で揃える
- ◉月曜日は家を出る前にほうきでサササッ
- ◉玄関のドアは土ボコリを落としてお塩さまを溶かしたぬるま湯で拭く

③月曜日は一週間の月（＝ツキ、運）を決める大切な日

玄関の美浄化は毎日やるのがいいけど、毎日はできないとしても、月曜日だけは忘れないでほしいです。玄関はお家の顔だから、「**また、ここに来たい**」と思っ

てもらえるように美浄化するとツキ（福や幸運）もやってきますよ。

とにかく「月曜日は玄関」と覚えておくこと。するとツキ（月）がやってきて、その一週間は安泰です。簡単でしょ。

④月曜日の法則：「換氣は歓喜を呼ぶ法則」

月曜日は玄関や窓など、家のなかの扉を開いて、空氣の入れ換えをするのもポイントです。みこちゃんの大好きな言葉に「時を待つ心」という松下幸之助さんの素敵なメッセージがあります。

「悪い時が過ぎれば、良い時は必ず来る。おしなべて、事を成す人は、必ず時の来るを待つ」

まさに、「時」は待つもの。風通しを良くして、運氣がやってくるのを待っているといいよね。するとそれは「歓喜」になって、家のなかが笑顔で満たされるから。それが**「換氣は歓喜を呼ぶ法則」**なのです。

住まいの空間は心のなかと同じ。玄関から部屋にかけてドンヨリしていると、心のなかもドンヨリしますよね。

ドンヨリドロドロは泥だらけで、泥が固まって岩になります。それが心のなかの岩戸になるのです。だから、換氣して、ドンヨリな膿も全出しして、心の岩戸ともサヨナラです。そうすれば、歓喜がやってきますよ。

そして、玄関に盛り塩をするのもおすすめです。**水と火と塩は浄化の三種の神器**。さすがに玄関で火を焚いたり、大量のお水をまいたりすることは今の時代ではできないから、そこは「お塩さま」で浄化です。それで邪氣もシャットアウト。

どんどん良い氣が入ってきて、人脈、金脈も良くなり、お仕事もうまくいくし、交友関係も良好。おまけに金運アップ！　ぜひ試してみてくださいね。

週の始まりの「月曜日」に玄関を浄化し、爽やかな開運の風を呼び込むことはとても重要です。

扉をずっと閉じていると「天国のお兄さん」が**「とんとんとん♪　窓開けたか〜。換氣したか〜。歓喜を呼び込みこできないぞ」**って、チェックしにきちゃいますよ。

さあ、あの爽やかな「お兄さん」の「春になったら桜が見たい」と言っていた言霊のように、偉《たか》く晴れた青空の風を「換氣は歓喜を呼ぶ法則」で、お家やお部屋いっぱいにニコニコ笑顔で春の風を呼び込みこしましょうね。

あなたのお家やお部屋にも、瞬く間にピンクの世界が広がり、ふんわり優しく香る桜咲く春は、もうすぐですよ。暗く、寒い冬の日々は、春の日々へ神化させて！

さあ、「月曜日」の美浄化から一緒にスタートしましょうね。

火曜日はお火さま

① お火さまとは？

火曜日は、「お火さま」という「かみさま」がいらっしゃいます。

例えば、イザナギ・イザナミが生んだ、火のかみさま「火《ひ》之《の》迦《か》具《ぐ》土神《つちのかみ》」や、「不《ふ》動明王《どうみょうおう》」が、「火」を司《つかさど》る場所に宿っています。

「お火さま」の特徴は、情熱・希望・男性性の象徴。

「火」は、私たち人間の生活の根源で、「情熱」を生み、**私たちの命の源のエネルギーです。**「**お火さま**」は、家の中心にあって、家族を守ると信じられています。祭事など神聖な火を必要とするときには、火を起こすので、「お火さま」は、とても大切な役割を担っていらっしゃいますよね。

私たちの命の源のエネルギーは、実際に調理し、口から入るエネルギーに変える「台所」や、身体を浄化し癒す「お風呂」でも生まれます。「お火さま」をきちんと扱わないと危険ですし、安全に食べたり、寒さから身を守ったりする上でも、とても重要です。

健康も愛情も、金運も子宝も、命そのもののエネルギーや、安全と繁栄の願いすべてを叶えてくれるのが、これらの「お火さま」です。

その火曜日の「かみさま」を、みんなまとめて「お火さま」と命名します。

②火曜日はエネルギーの火に注意

イザナミが火のかみさま（カグツチ）を生むときに火傷をして、それがもとでイザナミは死んでしまい、怒ったイザナギがカグツチを殺してしまう。このような、自分のちからではどうにもならないハプニングが、人生には大なり小なり生じてしまう。誰でも起こり得ることですよね。

また、些細なきっかけでハプニングが起きたり、トラウマや心の傷になることも、カグツチ、イザナミと同じように、誰でも起こり得ることです。

「お火さま」も強さと同時に、弱さと悲しみを抱えています。私たち人間も同じ。憎しみや悲しみ、怒りや苦しみの炎が燃えさかる毎日では、とても疲れてしまいます。

そのトラウマを乗り越え、弱さや悲しみを少しでも鎮め沈静化することができれば、毎日安全に、穏やかに生活できますよね。

その「お火さま」をコントロールするエネルギーの美浄化のポイントは、こちらです。

みこちゃんポイント

◉蛇口の汚れをぴかぴかにする
◉シンクはスポンジでゴシゴシして常にぴかぴかな状態を保つ
◉冷蔵庫のドアや中身を水拭きし清潔にして、恋愛運・金運・健康運向上
◉生肉や生魚など「生物」を刃物で調理しているので不浄なものが集まりやすいから、台所は特に美浄化しよう

③「お火さま」は人々の願いを叶えるエネルギー

「火」は人間と動物を分かつシンボルであり、身体の弱い人間は火の使い方を知ることで生きながらえてきました。「火」は体をあたため、安全に食べるために不可欠。

「火曜日の台所の美浄化」と「愛と勇氣の先っぽの法則」を合わせることにより、**夢や願望を実現させるちからを加速させ、私たちの身体も益々健康で美しくなりますよ。**これが「お火さま」の火曜日の美浄化です。

④火曜日の法則：「愛と勇氣の先っぽの法則」

「火」のかみさまの「お火さま」は、運命の火の矢と火の剣を持っておられます。

そして家だけではなく、私たちの「身体」にも「お火さま」がいらっしゃるのをご存知ですか？

私たちの「先っぽ」に「お火さま」のエネルギーは宿ります。私たちの指し示す「火」、すなわち「希望の光の矢の先っぽ」をどこに向けていますか？

今一度チェックしてみましょう。

◉7つのお火さまのエネルギーの先っぽの法則

1　毛先…髪にツヤはありますか？　髪は女の命と言いますよね。髪は神です。

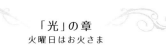

2　目先…どこに視線を向けていますか？　あなたの見る視線の先にあなたの未来があります。

3　鼻先…それはどんな香りがしますか？　香りは、脳、記憶、波動・オーラに影響します。それは、心地よい香りですか？　特に、植物の香りには様々な特性があり、人間が本来持っている自己治癒力を高めます。嗅覚《きゅうかく》は侮れませんよ。

4　口先…どんな言霊を生みますか？　どんなものを口から取り込みこしますか？口から入るもので、あなたの心や身体は作られます。

5　指先…どんなものを触りますか？　掴みますか？　今、あなたの周りには、あなたのその手で掴んだものしか存在していません。

6　爪の先…指し示す方向は間違ってないですか？　爪の先にエネルギーは宿ります。爪も常に清潔に整えましょう。

7　足先…かかと、つまり土台ですよね。とっても大事です。魂をのせるもの、場所、つまりあなたの周りの環境を大切にしていますか？

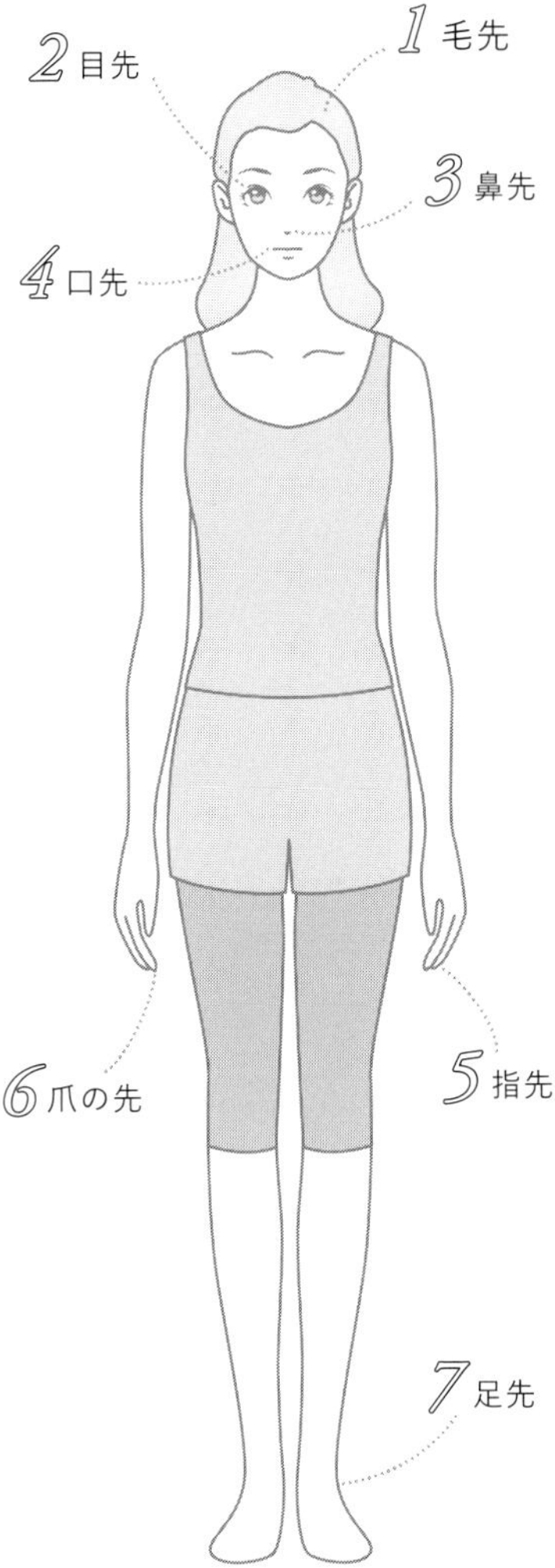

私が、弥山でようゆう僧侶から、不動明王さまの愛と勇氣の「火」のちからを与えられたように、この**「7つのお火さまの先っぽ」を日々繰り返し整えることによって、「お火さま」にさらにエネルギーが加わり、余分な波動が除去され、心身ともに身軽になり、あなたの身体のなかに眠る潜在意識を呼び覚ますことに繋がります。**

「お火さま」が、運命の火の矢と火の剣を使い、あなたの日々の行動を後押ししてくれます。

いかがですか。運命の火の矢で目標をしっかり定めることができ、火の剣で不要なご縁も断ち切り身軽になることで、願望も明るく軽く叶えることが可能になりますよ。

水曜日はお水さま

① お水さまとは?

水曜日は、「お水さま」という「かみさま」がいらっしゃいます。

例えば、イザナギ・イザナミが天御柱《あめのみはしら》を立てて最初に生んだかみさま「水蛭子《ひるこの》神《かみ》」。イザナミが火のかみさまを生むときに、産道を火傷して死んでしまうのですが、その「火」の鎮静化・沈静化のために生まれた「水」のかみさまの「弥都波能《みずはの》売神《めのかみ》」。そして、水を司る有名な女性のかみさまの「瀬織津姫《せおりつひめ》」が宿っています。

「お水さま」は、「美・健康」を司るかみさまで、生み・育てる女性性の象徴。

「お水さま」は、台所、洗面所、お風呂などの「水回り」にいらっしゃいます。

「お水さま」は、女性のかみさまですから、特に女性性強化、女性の味方と言われるように、安産や子授け、つまり「生命」を「生み出す・育てる」のが得意なかみさまです。

陰陽を表す太極《たいきょく》図《ず》

みんなこの世にたったひとつの「命」となって生まれてきますよね。その命の源には、DNAの核があり「お父さん・お母さん」の「命のエネルギー」を半分ずつ持って生まれてきます。唯一無二の、この世にあなただけの「まんまるな命」。

男性は「女性に『種を渡す』『生ませる』『与える』性役割」を、女性はその逆の「『種を受け取る』『生む』『育てる』性役割」の特徴があります。

男性↓与える性、行動の性。陽性。太陽……顕在意識
女性↓受け取る性、生み育てる性。陰性。月……潜在意識

「命」は、実際の「命」であったり、アイディアを生み出したりすることも同じ。「命の種を受け取り、育て、生み出すこと」「クリエイティブ能力」「生み出すこと」が得意。しかし、自分のなかの「お水さま」が濁っていたら「素敵なもの」を生み出すことができません。女性は、特に「お水さま」を常に清らかにする必要があります。

女性は、特に「命」の入れ物の「自分自身」がとっても大切で、何かを「生み出す前」に、男女ともに「膿を出すこと」が必要なのです。

その命の大切さを教えてくれる水曜日の「かみさま」を、みんなまとめて「**お**

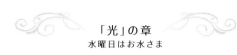

水さま」と命名します。

②水曜日は水回りを徹底的に

「お火さま」の火曜日の次は、「お水さま」の水曜日。ふたつのかみさまは、仲良く並んでおられます。そのふたつのかみさまの「命のバランス」を上手に整えることで、「火（カ）＋水（ミ）」で「神」になり、「神」と繋がります。

この「命のバランス」を整える重要な「神」と繋がる場所は、常に美浄化が必要です。

具体的に水曜日の美浄化の方法について見ていきましょう。

火曜日にお掃除できなかった「台所」の美浄化も、水曜日にまとめて美浄化するといいです。「水回り」は特に重点的に実践することが吉なので、やり過ぎということはありません。

一日の疲れを取り、英気を養う場所、そして健康運をアップさせ穢《けが》れを落とす場所の「お風呂」は、現代の「黄泉《よみ》がえりのパワースポット」とも呼べます。

「カビの発生」は、人間から出た汚れ、湿氣、湿度が原因なので、湯上がりには床、壁に熱いシャワーをかけておくと乾きやすく、すぐに「汚れ、湿氣、湿度」とサヨナラできます。

「トイレ」は、自分が使った後は便器を必ずぴかぴかにしてフタを閉めて出るようにすると、思ってもみなかった臨時収入があってビックリしちゃうかもね。「トイレ」も、常に「お水さま」がいらっしゃる場所なので、磨けば磨くほど、たくさんの「命の恵み」を与えてくださいますよ。

髪は、神。女性の髪は命とも言いますから、「洗面所」のシンクに落ちた髪の毛は、すぐに拾っておくことが吉。

シンクや鏡に飛び散った「お水さま」や「歯みがき粉」も一緒にチェックしましょう。小さく切った新聞紙で拭くと、タオルとは違って、繊維が残らずにぴかぴかになりますよ。そのまま「ぽい♪」できるし一石二鳥です。髪も鏡も「かみさま」と繋がっているので、あなたをいつも見守ってくださっていますよ。

みこちゃんポイント

◉「黄泉がえりのパワースポット」や「命の恵み」と繋がる場所は常に美浄化が必要
◉女性だけでなく男性も、潜在意識、サードアイを開花するには「お水さま」の美浄化が大切
◉生命の源「海」の底から、膿を出す、生み出す、浄化と再生が大切

③ お水は命の源だから、一番大切

私たちのなかに生まれながら持っている「お水さま」の美浄化をしていくと、身

体のなかの罪、穢れという「澱《よど》み・くすみ・汚れ」が体内から一氣に浄化されます。それと同時に美容・健康にも効果があるので、心身ともに美しく健康に若返ることができます。

体感としては、身体はすっきり軽くなります。綺麗な「お水さま」が、身体から泉のごとく湧き出るようにやる氣に満ち溢れ、運氣はさらに向上しますよ。お肌や髪の毛が潤いに満ちツヤツヤとしてきます。目の濁りがなくなりどんどん澄んできて、瞳がキラキラと輝きを増していきます。

悪いもの・不要なものは水に流す「心と身体の洗濯」を、毎週「お水さまの水曜日」で訓練することができます。

「お水さま」の美浄化をコツコツ実践していくと、やがて「真実を見る目」も養われていきます。自分にとって「不要なもの」が身近にあると違和感が出てきて、本当に必要なもの、大切な人だけになっていきます。毎日が川のせせらぎのように穏やかで、「お母さんのおなかのなかにいるときのような」絶対的な安心感に包まれ生活できていることが体感として得られていきます。

④水曜日の法則・・母なる愛と優しさを体感できる「命の恵みのお水さまの法則」

とても身近な存在で、当たり前のようにそばにいてくれる「お水さま」。液体としてこの世に存在していますが、時と場合で氣体になったり、固体になったりと、姿や形を変えて存在してくださいますよね。そっと見守り、優しく包み込んでくれたり、時に厳しく、強く、荒々しく叱咤激励してくれる存在。

「お水さま」は、ずっとあなたの氣持ちを聞いているし、見守っています。

それは、「母」のような存在ではないですか？　みんなお母さんから生まれてきましたよね。あなたの目も口も手も足も、「お母さん」のお水さまのなかで作られて、そして生まれてきたんだもの。この地球もお水さまの惑星。

つまり「お水さま」を大切にすることが、「自分の命を大切にすること」に繋がりますよ。だからこそ、流れる涙の止め方が上手になろうとするよりも、もっと深く今の気持ちを感じきり、それをしっかりと受け止めて、自分を知ること。「涙の全出し」も美浄化のひとつです。「心のつまり」を涙で美浄化するのも、「お風呂」でなら、誰にも知られずにできます。

みんな様々な苦労や悲しみを抱えて生きています。大人になると、なかなか子供のようには泣けないですからね。私もそうでした。「心のつまり」もお掃除と同じで、綺麗に美浄化すれば、氣が済みますし、氣も澄む。泣くだけ泣いたら、空っぽになるから、子供のように泣いて、身体のなかのその「つまったドロドロの膿」を、お風呂で「お水さま」を流しながら「全出し」してみてください。

あなたのその流した涙も、肌も、髪も、お母さんの命の一部。
「ありがとう。ありがとう。お母さん」と言いながら、身体を丁寧に洗ってみてくださいね。

あなたは「命の源」に戻れます。大丈夫。いつだって生まれ変われます。

「落ち込まなくてもいい。大丈夫。お母さんは、いつもみこを信じているよ」

そう私に、いつも母が言ってくれたこと。母は、つわりがしんどく、何度も流産しそうになり、入退院を繰り返し「もう、諦めよう……」としたけれど、最後の最後で「やっぱり私、絶対にこの子を産む」と自分を信じきり、父の愛にしっかり支えられ私が生まれたこと。ここに両親二人のおかげさまで、私の命があるということ。

大人になるたび、孤独の長さも深さも増しますし、人は誰でも傷つきやすく、傷つけ合うこともあるし、弱くて、間違うこともあります。自分で自分を苦しめて内側の「岩戸」に逃げ込んでしまうこともあります。

挫折や絶望し、失うものさえもないと氣付いたそのときが**「生まれ変わるチャンス」**です。

流した涙のひと粒だって無駄なものは何ひとつありません。だから、自分を責めてはいけません。

「大丈夫。大丈夫。安心してね。私は、あなたを信じています」

心から安心して「お水さま」のいらっしゃる場所を真心と感謝の氣持ちで美浄化すると、いつか流した涙は大きな海に繋がります。ご縁の根っこですべてが繋がるように、夢は現実になっていることに驚きますよ。この星地球は、「お水さま」で繋がった共生の瑠璃色のまんまるな星です。

「だから、あなたも、大丈夫だよ」

木曜日はお氣ものさま

① お氣ものさまとは？

木曜日は「お氣ものさま」という「かみさま」がいらっしゃいます。

例えば、七福神のなかの女の神さまで、音楽、言語、芸能に優れ「才」が「財」に通じることから、蓄財の神さまとしても有名な「弁財天《べんざいてん》」。布袋《ほてい》和尚や弥勒菩薩の化身として、生活の道具や、喜捨されたものなどを布袋につめていた福の神の「布袋尊《ほていそん》」。蔵・納戸・押入れが不要なもので溢れると去るという「納戸神《なんどがみ》」が宿っています。

これらすべての「かみさま」を、まとめて「**お氣ものさま**」と命名します。

「お氣ものさま」は、「木」「氣」や「着」にも通じ、クローゼット、タンス、お洋服、下着、ドレッサーのなかのアクセサリーなど、自分の肌身を纏《まと》うものの「着」、守っているものの「氣」を使う場所にいらっしゃいます。

特に身に纏うオーラ、波動、氣に作用して、ちからを発揮するのが特徴の「かみさま」です。

② 木曜日は「き（木・着・氣）」に注目

家のなかの「木」に入れられたもの、木製のもの、つまりはクローゼットやタンス、押入れ。女性は「かみさま」とさらに繋がる鏡のある「ドレッサー」や、その中身のアクセサリーやお化粧品の美浄化にも特に「氣」をつけてくださいね。唯一無二のあなただけの「氣」を美しく彩る美浄化の具体的方法を説明しますね。

◉みこ式お氣ものさまのタンス・クローゼット・ドレッサーの美浄化方法

まず、あなたの持っている「すべてのお洋服」を、面倒でも「全出し」してください。

次に「色別」「形別」の順番で分けます。

「自分の好み」が、これだけでかなりわかります。

「どんな色の、どんな形のお洋服が、どれだけあるのか」、そのかたまりが目の前に現れます。「ドレッサー」も同じです。「アクセサリー」や「化粧品・メイク道具」、そして「帽子」も「着物」も「靴」も同じ仕組みです。

これが今まであなたが生きてきたなかで、「お金さま」と「時間」を使い、選び・交換してきた「**エネルギーの命のかたまり**」です。

そして、これが**「今のあなたの頭のなか、これからの人生の縮図」**です。

いかがですか？　驚きですよね。

私は毎週「木曜日」を「お氣ものさま」の美浄化の日にしているので、「どんな色の、どんな形のお洋服が、どれだけあるのか」が把握できていますし、悩んだときは、「スマホ」のカメラ機能を使い、自分のお洋服を撮影して、客観的に見て少しでも「違和感」を感じたら、そのお洋服とサヨナラしています。

撮影した写真は、「スマホ」の「アルバム機能」を使い保管すれば、持ち運べ、コンパクトでいつでも取り出し自由なクローゼットができ上がり、便利です。

「いつ、どれくらい、どのようなものを買えばいいか」。その「タイミング」が、きちんと頭のなかで整理できているので、予算を計算し、逆算して、時間を有効活用することも可能。木曜日の次の日の金曜日の「お金さま」のかみさまの美浄化にも繋がりますし。流れがスムーズで一切無駄がありません。

この一見無駄に思える作業をすることで、逆に、無駄な買い物がなくなるし、クローゼットはいつも綺麗な状態に保つことができます。

とはいえ、「大好きなもの」に偶然に出合ってしまうこともあります。そのときのためにも、常に「何が、どのくらいあるのか」をきちんと把握し、素敵なタイミングで自分に与えてあげること。心にもクローゼットにも、いつでも余白を設けておくことが大切です。これをみこ式「余白の美学」と言います。

しばらく出番のなかった服も一目瞭然で、不要な服も迷わず処分できます。

「恋愛運が低下して、出会いがない」
「なかなか、パートナーができない」
と言う人をリーディングすると、共通点が見られます。

それは、「同じ下着を何年も身に着けている」ということです。

「下着」は、一番大切な部分を保護している「布」です。

「布類」は、かなり邪氣を吸っています。

見た目が綺麗でも、その下着の「氣」は、綺麗とは限らないですよね。洗えば、確かに見た目は綺麗になりますが、「氣」までは綺麗になるとは言えません。

その「下着」、皆さんどのくらいのペースで交換してますか？　1年から2年ですか？　交換のタイミングはひとそれぞれですが、ベストは「3か月」。最低でも「6か月」です。

女性は、特に「子宮」を守る場所に直接身に着けます。「命を生み、育てる場所」ですから、お洋服の美浄化の前に一番大事なことだと、いつも提案しています。

「恋人と別れました」と言う人は、まずは、「下着」を「全捨て」してください。前の古く重い邪氣に「悪縁」がべっちょり付いていますよ。男性ももちろん同じです。「ビジネス運」を向上させたいときも同様です。

古いご縁は綺麗さっぱり美浄化して、新しい「ご縁」を「新しく清潔な下着」で呼び込みこしてください。「くつ下」も同様です。

そして、めでたく新しい「ご縁」に恵まれても、「下着」を使い込みする前に定期的に交換すると「新しい氣」を呼び込みこできます。益々素敵な「氣」を呼び込みこできますし、益々幸せになれます。

直接肌に触れる「ハンカチ、タオル、布団カバー、パジャマ」も、ぜひ、定期的に交換してみてくださいね。「恋愛運・結婚運」だけではなく、「全般の運氣向上・願望実現」に「清潔感」は絶対条件ですよ。

みこちゃんポイント

◉汚れ、くたびれた感がある、2年間着なかった服、「もし～なら着る」の条件がある服は、即美浄化

◉1年以上使っていないもの、化粧品なら3か月以上使っていないもの、明らかに自分の肌色に合わないもの、肌にトラブルが出るものは美浄化

◉新たな「ご縁」を結びたいときは、それ以前に持っていた「下着」を全捨てする（「くつ下」も同様）

③木曜日はリフレッシュ

いつでもフレッシュで、爽やかで、軽やかな氣を纏うことができるように、クローゼットやタンス、押入れなどの「お氣ものさま」の美浄化を実践していけば、その余白に風が通り、氣持ちも居心地も「**生き心地**（**いきごこち**）」も良くなります。「いい『氣』心地」ですよね。

清らかな生き生きとした生命の光が、あなたの心に少しずつ射し込み、パワーもどんどんみなぎってきます。最上級の「心の美しさ・居心地・着心地の良さ」は、ギラギラに飾り立てることではなく、シンプルで清潔なこと。元の氣にいつでも戻れるという状態。

自分の時間とお金さまで手にした大好きな「お氣ものさま」に感謝を示す。「**ものには命が宿っています**」から、あなたに選ばれ、あなたの手できちんと丁寧に美浄化し、お手入れされたものたちが、さらに、開運や願望実現の知恵をあなたに授けてくださいますよ。みこ式美浄化で益々楽しみこ氣分ですね。

④木曜日の法則・・「大好きは大好きを呼ぶ法則」

いつも頭のなかがごちゃごちゃしている、何かにイライラしてしまう、そんなあなたにぴったりな法則です。私もこの法則のおかげで大好きなものに囲まれる幸せな毎日を手に入れることができました。

例えば皆さん、お部屋のなかにどれくらい「大好きなもの」がありますか？　私は「大好きなもの」しか置いていません。皆さんは、自分のお部屋のなかに、「大好きなもの」が何個ありましたか？　自分が本当に「大好きなもの」を、真剣にまっすぐに見つめると、「大好きなもの」だらけのお部屋になります。

そして、お部屋の「クローゼット」のなかを見れば、その人がどれくらい氣が整ってるか、どういうことを考えているか、どのような願望があるかがわかります。私はセミナーで参加者の方の「遠隔リーディング」をさせていただくことがありますが、一瞬でその方が、どんなひとで、どんなことを毎日考えているか、どんな悩みを抱えているか、そしてその解決方法までもわかります。

逆に言うと、**クローゼットを整えてしまえば悩みも解決し、人生もごろっと変わるわけです。**

クローゼットを整えていけば「大好きなもの」もわかってくるんです。「大好きなこと・もの」がわかってくると、今度は「大好きなものまみれ」になってくるので、さらに「大好きに囲まれる生活」がやってきますよ。

あの日、大好きな「幸子先生」が、「来てくれてありがとうね」と柔らかく包んでくれた毛布のあたたかさのように。あの日、「**ありがとうね。あなたがいたから助かったよ**」と優しく頭をゆっくりと撫でてくれたように。

本当に大好きで、大切なものだけをあなたの部屋のなかに取り入れ、「ありがとうね。私の所に来てくれて本当にありがとう」、そう言いながら、美浄化してみてください。

私たちは、何度でも生まれ変わることができます。素敵な「お氣ものさま」を身に着けて、本当に大好きで、大切なものだけを唯一無二のあなたの「魂の入れ物」に纏わせてあげてくださいね。

あの日、私が見た「7歳の頃に書いた手紙」の綺麗な状態を見れば、幸子先生は、どれだけ私の手紙を大切に保管してくださっていたのだろう、と。

真心からの「ありがとう」は、時を越え、空間を越え、「ひと」にも「もの」にも必ず伝わります。

7歳の頃に、幸子先生が優しく頭を撫でてくれたことを、今ここでも思い出すことができます。

あの、優しい声と、柔らかくいい香りとともに。

金曜日はお金さま、おかげさま、お塩さま

①「お金さま」とは？

金曜日は、「お金さま」という「かみさま」がいらっしゃいます。

例えば、イザナギ・イザナミが生んだ「須佐之男命《すさのおのみこと》」、因幡《いなば》の白兎《しろうさぎ》で有名な、のちに七福神の一人「大黒天《だいこくてん》」と呼ばれ、神徳の神さまとして有名になった「大国主神《おおくにぬしのかみ》」、通称「お稲荷さま」の「宇迦之御魂神《うかのみたまのかみ》」、「波邇夜須毘古神《はにやすびこのかみ》・毘売神《ひめのかみ》」はトイレを守る男女の神さま。これらの「金運」を司る神さまが宿っています。

その金曜日の「かみさま」を、みんなまとめて「**お金さま**」と命名します。

金曜日は、お仕事の締めくくりで、「お金さま」という神さまが集まる日です。

このタイミングで「財布」「レシート」「家計簿」「通帳」など、「お金」に関するものを見直しましょう。

また、お金はその昔、「塩」がその代わりだったこともあるので、「お塩さま」の入ったお風呂で身体を清めたり、「お塩さま」のちからをお借りして氣になる家の場所の余分な邪氣を流し、「金運体質」に生まれ変わりましょうね。

さて突然ですが、願望実現の方法で、「そうなりたいなら、毎日、それに触れること。見ること。潜在意識に擦り込むことがいい」と言われますよね。

では、あなたに質問します。

あなたは、「お金」を嫌になるくらい見たことがありますか？
あなたは、両手いっぱいに抱えきれないくらいの「お金」を手にした経験はありますか？

「はい、私はあります」

なぜなら、何を隠そう金融のプロ、お金のプロ、ズバリ、私「みこちゃん」は、銀行で勤務していたからです。

どんな人がお金をどう扱い、財布はどんなものを使い、どんな言葉を使い、どんな香りがして、どんな家に住んでいるのか。約20年間、「お金」「数字」の動く現場で来る日も来る日も、何千、何万人ものひとの「お金」を飽きるほど触ってきました。そう、「お金」を見るのが嫌になるくらい「お金」を見てきました。

どんな「人」が、実際に「どうやって」、その「エネルギー」を拡大させているか、「時間」と「お金」の「動かし方」をリアルタイムに見てきました。

休日を返上して何十年も金融の勉強をしてきましたので、お客さまの「お金」を増やすことも、実践と理論を両立させ、扱うことが可能です。

プライベートの時間が減ってしまうのは残念だったのですが、20代・30代の営業時代全盛期の頃は、「お客さまのお金をどう増やせばよいか。どうしたら、お客さまが喜んでくださるか」を考えるのがとにかく楽しかったのです。お客さまが「ありがとう。あなたに頼んでよかったわ」と感謝してくださることや、どんどん「お金」が増えるの嬉しくて、もちろん大変なこともありましたが、振り返るとあっという間に年月は過ぎていました。

私の理念は「みんなと幸せになること。笑顔になることを楽しくすること」。そうです。あなたが「お金」で幸せになりたいのなら、あなたにぴったりな方法で、「お金があなたを大好きになる」秘訣をお伝えいたします。

「お金さま」が喜ぶことも、もちろん嫌がることも一目瞭然。その辺のスピリチュアルな方々と一緒にしてもらっては困るところです。

きちんと、地に足のついた方法で、実直に、実践と法則で、**今すぐあなたを「お金持ち体質」に変えることができます。**

と、長年で身に付けたキャリアと自信を持ってお伝えできるのです。

②金曜日は、感謝と生きたエネルギーが活躍する

エネルギーと言えば、**「お金さま」も、「感謝と愛の循環」で生まれるエネルギー**です。金曜日は、「エネルギーの金曜日」でもあります。

約20年間で得た知識と経験によるエッセンスを交え、お金さまのプロの私が考えた**「お金さまの金曜日のみこ式美浄化」**を見ていきましょう。

「預貯金&通帳」は、今、自分にはどのくらい蓄えがあるか、多くても少なくても、常に見直すこと。経済的な自分の立ち位置をわきまえることがとっても大切です。

キャッシュカードで出し入れするだけでなく、きちんと（ATMで）通帳の「記帳」をして、「残高」や「お金の入出金」を確認することが大切です。この「お金さまの金曜日」に、「預貯金や入金」することもおすすめです。

「貯金箱」もいいのですが、お給料は昔は「現金払い」、現代は「銀行振込」なので、「出入口を統一」することでシンプルに数字の管理ができますね。

「金曜日のお金さま」の日は、月に「4回」やってきます。

毎週金曜日、その通帳に「財布の残金」や「家の小銭」を入金したり、「給料日とは別の臨時収入」を自分で預貯金として設定し入金するのです。

そして、通帳の余白に入金したい金額を実際に書くことも効果的です。

具体的な「金額」を通帳から自分の目を通して「数字」で確認すると、少ない数字でも、どんどん増えていきますし、もっともっと「入金額を増やしていきたくなる」のです。なんだかワクワクしてきちゃうから不思議ですよ。

「預貯金癖」をつけて、どんどん「金運体質」になりましょう。

「お財布」のなかのかさばったレシートは、この「金曜日」のタイミングで捨てること。今までの経験上、一週間に1回お財布を整理するのが楽チン。必要なときに必要なものを買えばいいから「ポイントカード」も必要なし。そうすると、無駄なものを買う必要がなくなって、お金も知らない間にどんどん貯まっていきますよ。

お財布から不要なものをすべて「**全出し**」して、「お塩さま」で清めること、美浄化すると、「お金さま」も喜び、さらに金運体質になります。

「お風呂」には毎日ティースプーン3杯の「お塩さま」を入れると効果的です。入浴は「厄よけ」にも繋がりますからね。そしてもうひとつ、「お塩さま」と一緒に薔薇の花びらを入れると、見た目の美しさや香りの素晴らしさから幸福感をもたらし、ストレスを和らげてくれるのでオススメです。金曜日にはシャワーだけで済ますことなく、38~40度の湯船に15分以上しっかり浸かって汗をかくこと。悪いにおい、においの原因となる汗腺、汗腺につまった老廃物たちを流し落として、体臭予防に繋げましょう。「不潔で臭い人」は、お金さまがもっとも嫌います。

不潔で臭いにおいの社長さまやお客さまに、お金持ちがいるのを見たことがありません。世の成功者は言葉遣いもお金遣いも皆同じ。とにかく清潔です。癒しと高貴な香りで美浄化できる、私のオリジナル「弥勒のみこちゃん特製の美浄化のお塩さま」もおすすめですよ。

みこちゃんポイント

◉お財布は、長財布が吉
◉硬貨は、紙幣と一緒に入れないこと
◉紙幣は、誤手交を防ぎ、会計も楽にスムーズにできるように金種ごと1万円、5千円、千円、それぞれ向きを揃えて収納する

◉紙幣には「1万円」というように、「名前」も「顔」も「品格」も「性格」もきちんとあるので、人間と同じように「愛情を持って丁寧に扱うこと」
◉レシートは、「お金さま」の金曜日に必ずお財布から全出しして、捨てる
◉ポイントカードは入れない
◉「お塩さま」で、お財布も美浄化し厄除けする
◉「お金さま」の金曜日は、「お塩さま入りのお風呂」で、一週間頑張った自分の労をねぎらい、心身ともにリラックスし美浄化する

③「お金」には厄が付く、そのときどうする？

せっかく「お金さま」が多く集まり、増えても、動けば動くほど強いエネルギーがあるので、いろいろな「厄」が付いてしまいます。その「厄」「悪い氣」を除ける方法として、「厄払い」があります。

みこ式美浄化で「厄払い」が簡単にできる方法があります。それは、積極的に

「役に立つこと」をすることです。

「厄」は、役です。積極的に「役に立つこと」をすることで、簡単に「厄払い」が可能になります。

しかも、まんまるな硬貨を使い「厄払い」をします。「募金」など「お金を払う」ことで「厄」が払えます。「硬貨」は、昔はまんまるな石。様々な「境目」の不安を浄化し、鎮めるという意味が、まんまるな石にはあります。まんまるな石には、まんまるな笑顔になるために、自分には何ができるかを考えて行動する「意志」が宿っています。

私たちは、日常的に自然に生きているだけで、外に出るだけで、人に会うだけで、簡単に「厄」が付いてしまいます。「お金さま」も同じです。

「厄払い」、つまり「浄化」をするなら積極的に感謝の「氣」を込めて。「お金さまは、おかげさまの氣持ち」で、大好きなひとに「まるいもの」をごちそうしたり、「まるいもの」を一緒に食べたり、プレゼントしたり。

まるく囲んで、お鍋やたこ焼き、お好み焼きパーティなどまるいものを一緒に作るのもいいですね。お正月には、まるいお餅などを食べて。

「食べることは生きること」。まんまるな笑顔で「お金さまの美浄化」をみんなで楽しみながらするといいですね。

④金曜日の法則・・「お金さま」はおかげさま「まんまるは最強の法則」

おばあちゃんはいつも、「みこは生まれながらに最強じゃ。みこは金運も最強じゃ」と最強な言霊をプレゼントしてくれていました。

私も素直に「みこは最強」と信じていたので、テストで「100点」を取ると嬉しくて。「みこは頭がええから」と、お父さんやお母さんと一緒に頭を撫でてくれたり。絵を描いて県展で表彰されたときは、「みこは才能があるから」と満面の笑みで褒めまくってくれたり。いつも「みこは最強」と心から信じ、心底愛してくれた人。おばあちゃん。

もちろん、おばあちゃんも家族もみんな最強。「私の周りは、みんな最強なんじゃや!!」と、私は幼い頃から心底そう信じていました。

「宝くじ」というものを初めて知ったとき、私が「買いたい」と言うと、おばあちゃんは近所に唯一ある小さな宝くじ売り場に連れて行ってくれました。「みこは、巳年で名前も画数も、生まれた日も金運が最強じゃやから」と売り場のおばちゃんに言って「このなかから選びなさい」と、好きなくじを選ばせてくれました。

一番あたたかくて、一番光っていたくじに決めて、おばあちゃんに渡して、手を繋いで帰りました。

後日、そんなこともすっかり忘れていたときのことです。神さまの部屋の神棚から、あの日の宝くじと新聞紙の切れ端を手に取って、「みこ、これを見なさい」とおばあちゃんが言いました。

それはなんとあの日の番号。見事、当選。もちろん半分は、お礼に、裏山の神社の神さまの喜捨箱に入れました。

「いつも、みこを助けてくださり、ありがとうございます」と。そうです、喜捨箱は喜んで捨てる箱だから。また、ここから「みんなと喜べることに繋がるんだ」と信じて。喜んでお金さまを「煩悩《ぼんのう》」と一緒に捨てました。

そして、

「みこは、何をさせても凄い。みこは凄いちからを持っている。しかし、過信

したらいけんのよ。周りのひとたちにいつも感謝せんといけんのじゃ。みこが本当に信頼して、みこが大好きなひとにだけ、そのちからを使うんじゃ。みこを心から信じてくれるひと。悪いひとに使われたらいけん。悪用されたら絶対いけんのじゃ。みこは素直過ぎるから、すぐひとを信じてしまう。良いところじゃけど、辛かろうが。悲しいじゃろうが。みこ、見分け方はわかるじゃろ？そう、心がまんまるのひとじゃ。あったかくて優しいひとじゃ。みんなで、みこは協力したらええんじゃ。ご縁は、ご円じゃ。まんまるじゃ」

そう、おばあちゃんがいつも言ってくれたこと。

我（わ）がためだけには、
和（わ）にはなりません。
和は、輪（わ）で、まんまるの和なのです。
平和の「わ」なのです。

これが、みこ的「**まんまるは最強の法則**」です。

◇ 人のご縁もまんまるの重なり合う「七宝繋ぎ文様」

日本の伝統的な文様の中に「七宝文様《しっぽうもんよう》」というものがあります。

同じ大きさの円の並列の上に別の円の並列を4分の1ずつずらして重ねることで、光を表す菱のような形と花びらのような形の組み合わせが見える仕掛けになっています。

「七宝」を繋いだ文様が「七宝繋ぎ文様」と呼ばれ、さらなる繁栄や子孫の繁栄、人のご縁、関係性の円満を志向する縁起の良さを示しています。

「七宝」とは、仏教用語で7つの宝物を示す言葉でもあります。

「7つの曜日のかみさま」を美浄化して、心も身体も、人のご縁も益々繁栄させていきましょう。

まんまるは最強の法則

◯を繋ぐと、このような、日本特有の伝統ある素晴らしい文様（七宝文様）になる！

土曜日は土台の地球さま

①「土台の地球さま」とは？

土曜日は、「土台の地球さま」という「かみさま」がいらっしゃいます。

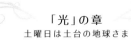

例えば、「道開きの神」として有名な猿田毘古神《さるたびこのかみ》や、イザナギ・イザナミが国生みの次に神生みを行われ、大事忍男神《おおことおしをのかみ》（大事を成し遂げる神さまで、威力の神さま）を生んだ後に生まれた、家宅を守る「家宅六神《かたくろくしん》」が宿っています。

土曜日は「**土台の地球さま**」というかみさまが「フローリング、畳、ベランダ、庭」など、「土・土台」に関連する「**家全体を守る**」、**私たちの土台となる**大切な場所で、あなたを待っていらっしゃいます。

その「土台の地球さま」の美浄化で、具体的に何をしたらよいかを紹介しますね。

願望実現の鍵は、「土台」や「基礎」です。

あなたの周りに、日常に「当たり前」に存在する「家」「部屋」、そして「家族」「友人」。それは「あなたを取り巻く環境」とも言えます。そして「あなた自身の心と身体」も「土台」です。

その「土台」を強化し、良い方向へ導いたり、迷う心や未知な分野に挑戦するときに、ちからを貸してくださる「土台の地球さま」の美浄化の方法を見ていきましょう。

②「土台」を固めて「自分」を取り戻す「夢か神《ゆめかがみ》（夢鏡《ゆめかがみ》）のワーク」

まずは、「あなた自身の心と身体」の「土台」強化。

「自分軸の把握」です。
「どんなことをして、生きていきたいか」
「どんな場所に住み、どんなものに囲まれ、どんな生活をしたいか」
心の底にある「願望」「意志」「想い」「悩み」を自分自身が把握すること。

その「底」がすべての「土台」で「自分軸」となります。

次に「自分軸の透明化」です。そこで「5W1H」の活用です。「いつ、どこで、誰が、何を、なぜ、どのように」です。

「いつ」どんなときに。「どこで」どこに、どこへ、どこから。「誰が」どんなひとが、どんなひとと。「何を」どうして、なんのために。「どのように」どんなふうに、どうやって。

このように、自分自身に「起・承・転・結」を使い、わかりやすくさせること。

自分軸の「一本筋」を通すためには何をしたらよいか。私は「夢《ゆめ》か神《かがみ》（鏡）」という「ワーク」を人生のどん底期に作りました。それは母が教えてくれた「夢地図」からのアイディアでした。

「こんなことをして何になるんだ？」

と、最初は書くのが嫌でしたが、渋々、真っ白い紙に黒いマジックで、まずは「どうなりたいか」を簡単に「キーワード」だけ書きました。

「ギターが弾きたい」なら「ギター」とだけ書く。
「アロマスクールに行きたい」なら「アロマ」とだけ書く。
「キーワード」だけ書く、シンプルなもの。

人生のどん底で、希望も夢も失った私は、あんなに食いしん坊だったのに、あんなにオシャレが大好きで、トップ店員にまでなったのに、あんなに毎日自信に満ち溢れていたのに、その日何が食べたいとか、何を着てどこに行きたいとか、何が欲しいかさえも遠いどこかに置き忘れたような毎日を彷徨っていました。

まず私がしたことは、一日1枚「キーワード（言霊）」を書き、毎日見る「全身を映す鏡」にぺたぺたと貼ること。

最初は、自分に与える「キーワード」も「やりたいこと」もわからず、1、2枚程度しか貼れない日が続きました。ですが、ある日、「今日の夜、何が食べたいか」を真っ白い紙に、

「いちご」

と「一言」だけ書きました。そして、それをしばらく続け、実際に自分に与え食べさせました。

ゆっくりでしたが、私は徐々に感覚を掴んでいきました。「どこに行きたい？」のキーワードから始まり、「どうなりたい？」のキーワード「キラキラ」をシンプルに書くところまで「言霊」を次々に生み出し、自分を表現できるようになりました。

最終的には、「キーワード」の紙で鏡が埋め尽くされるほどになりました。「今日は、どのキーワードをクリアしようかな？」と、ゲーム感覚でどんどん楽しくなりました。そしてこれが、「思考のアウトプット」となり、「自分を透明化」させることに繋がりました。

次に「巻き込み力」です。

毎日「キーワード」を貼り、実行できたら剥がして、次々と「キーワード」を自分自身に浸透させ取り込んでいく。すると、「キーワード」をクリアしたい「欲」がどんどん出てきて、一人のちからでは解決できない「壁」が出てきました。そうなると「誰と、どうやって」が必要になり、身近なひと、つまり「家族」や「友人」にお願いをしたり、協力してもらうために「どのようにしたらよいか」アイディアを考えるようになりました。

家族は、その「キーワード」の紙を見ているので、愛する娘のために「協力」してくれますが、「友人」や「他者」には、「なぜそれが必要なのか」をきちんと説明する必要があります。「５Ｗ１Ｈ」の「いつ、どこで、誰が、何を、なぜ、どのように」の説明を工夫することで、たくさんの知識や学びを同時に得ることができたのです。

みこちゃんポイント

◉「フローリングの床」はホコリが舞い上がることがないよう、乾いた布で一方向にゆっくり動かすこと。「床磨き」をするとお肌も綺麗になる

◉「窓開け」は、風が入り込んでホコリが舞い上がってしまうので、換氣は美浄化前と美浄化後に。美浄化中は窓を開けないこと

◉掃除機の排氣口から出る風がホコリを舞い上がらせることに繋がるため、「掃除機」を使うなら排氣口の位置が高いもの、コードレスの機種がおすすめ

◉ホコリが一掃され空氣も綺麗になり「やる氣」、つまり「元の氣」がみるみる蘇る

③ 土台の地球さまを強化すれば「夢が叶いやすくなる」

約5年間、「心と身体の土台の強化」と「土台の美浄化」の繰り返しを「土曜日」に実践することで、「自分軸の強化」という「土台」の強化に繋がり、しだいにその「循環の輪」も広がり、周りを「巻き込み」、どんどん本来の「自信」と「自分自神」を取り戻しました。今では、「本を出版する」という「キーワード」まで叶えることができました。

それは「20年後に本を出版する」という「時間軸」を遥かに上回り、15年の時間短縮を可能にし、たった「5年」で実現できたのです。

嫌なことや大嫌いなこと、苦手なことを経験するのはとても辛く、悲しみを伴うけれど、涙の数だけ強くなることを初めから知っていたらどうですか？

その辛い経験たちが後々宝物や武器になることを知っていたら、あなたはどう感じますか？

自ら進んでそれらを受け入れることができるはず。何度も何度も経験を積み重ねるその作業こそが自分軸の強化。土台も、人間も軸、つまりバランスや調和が大切。

「あなた自身の心と身体」の「土台強化」。そして、原点に立ち返ること。自分軸の強化がいかに大事なことか、それを知るための「土台の地球さま」のみこ式美浄化でもあります。

④土曜日の法則：「ビジネスチャンスは土台にあるよの法則」

ここで、ある「お掃除のおばちゃん」との話をしますね。

私は、約20年の間、あることをポイントに仕事をしていました。それは、「お掃除のおばちゃんと仲良くなること」です。これは、サスペンスドラマの刑事さんの「事件解決のヒントは、必ず現場にある」という台詞にもありますが、ビジネスチャンスも足元、つまり、いつもの土台に眠っているということ。

天を知りたければ、地を知らなくてはなりませんよね。

「地」は、つまり地面や地の上にあるもの。周りの当たり前にあるものに「感謝」すること。「家族」「友人」「パートナー」など、あなたを取り囲む「環境」に感謝。

家で言えばフローリング、床、畳。私たちが実際足をつけて歩く場所のこと。その場所を毎日お掃除してくださる方々に、一番に感謝しなくてはいけないということ。環境が不衛生だと氣持ち良くお仕事ができませんよね。

私は、転勤や係替えになると、「仕事に早く慣れるため」という意味もありますが、早起きをして、なるべく一番に出勤し、職場を美浄化（職場なのでできる範囲）していました。

「早起きは三文の徳」とは言ったもので、早起きすると心にもゆとりが生まれますし、第一に、閉ざされ締め切った窓を開け、「光」と「新鮮な空氣」を入れ換えることで氣持ちがリセットされ明るくなり、「今日も、明るく元氣で前向きにやるぞ」と爽やかな氣分になります。そして美浄化して、勤務に入るのです。これは、小学生の頃のあの「お掃除は凄い」という実体験から得たものを社会人になっても実践したということですね。

ある日、トイレと給湯室がちょっと汚れていて、どうしても綺麗にしたくて、誰よりも早く出勤しひとりでお掃除をしていたときのこと。

「あなただったのね。いつも、誰が綺麗にしてくれているのかと思っていたわ。おかげさまで、あなたがここに来てから、この階のトイレも給湯室もとても綺麗だから私の仕事が楽になったわ。ありがとう」と、お掃除のおばちゃんから「これ、良かったら」と、のど飴をいただきました。

それからというもの、お客さまの要件で緊急のときには、「ここに、抜け道があるわよ」と最短の階段やエレベーターを教えてくださったり、私にゴミ出しの当番が回ってきたときには、「ここにゴミを載せて、あなたは業務に戻るといいわ。さあ行きなさい」と私の抱えているゴミ袋を「押し車」に載せてもらったりと、数々の「恩恵」をいただきました。

「時は金なり」

「時間」は、お金では買えませんが、みんなと工夫し、手を繋ぎ協力し合えば、不可能が可能になることもあるんです。

「あなたがいつも私に、ほんの少しの楽をさせてくれるから」と満面の笑みを浮かべて、おばちゃんは、いつも「喜んで」私の「美浄化」をそっと見守り続けてくれました。

幼い頃からの私の理念は「みんなと幸せになる」こと。

すべては「空」。

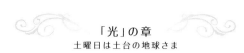

同じビルのなか、同じ空の下、上も下もないのだから。

私たちは、一人ひとり、お客さま皆さんの「お金」を協力して守り、育てるのが仕事。その「お金」は世の中のひとを笑顔にして夢を与え、循環し、まだ見ぬ誰かの「明日への希望の光」になるのだから。

土台はフローリングや床、畳。天は天国であり、宇宙さまであり、神さま・仏さま・ご先祖さまがいらっしゃる場所で、笑顔溢れる弥勒の世。

その土台を根こそぎ美浄化することでストレスも軽減され、コミュニケーションの強化や明日への希望に繋げること。仕事の段取りの組み立て方、次の箇所を美浄化しようという意欲に繋げることができますよ。

私はどんな場所に転勤し、異動になっても、その心だけは忘れず、決して焦らず、無理せず、楽しみながら「継続」していました。

「自分の機嫌は、自分の起源」

氣持ちの良い環境作りは、環境整備、環境美浄化にあります。自分の機嫌を常に穏やかに保つと、驚くほど成績が上がり、願望が叶う速さも加速しますよ。

私は長年の銀行員生活のなかで、この「土台の地球さま」の美浄化の実践を継続し、自分が置かれている「環境の大切さ」や、「家族の絆」「友人は宝」ということを再認識できました。

そして「エネルギーの循環」ができる最高のビジネスパートナーや最上級の仲間と出会い、最終的には、爽やかに「愛の循環」ができる理想以上の「素晴らしいパートナー」に出会うことができました。

さらに、私の幼い頃からの夢である「みんなと幸せになる」ことを思い出し、すべて叶えることができたのです。

愛も自信も、まずは自分で取り戻す。そして「本来の自分の元の氣」に戻って、愛をバンバン感じることができる、そんな自分になりましょうね。

夢鏡《ゆめかがみ》は夢《ゆめ》か神《がみ》

みんなでやってみよう！
わくわくワーク♪♪♪

STEP1 毎日自分の「目《め》」に言霊（キーワード）をしっかり映す

「自分のこうなりたい♪」が軸

最初は少し慣れないかもしれませんが、
その言霊からのエネルギーを毎日目にすることで
その言霊の持つ同じエネルギーにどんどん同調していく。

自《じ》分《ぶん》自《じ》「神《しん》」・全《ぜん》身《しん》全《ぜん》「神《しん》」に浸透《しんとう》させる

神道《しんとう》させる（神さまとの道を作る）神さまと繋がること

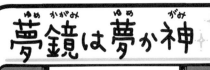

STEP2 その時に唱える言靈

①「この言靈(キーワード)と同じエネルギーの自分に**なります。**」

②「この言靈(キーワード)と同じエネルギーの自分に**なっています。**」

③「この言靈(キーワード)と同じエネルギーの自分に**なりました。**」

④「この言靈(キーワード)を全て**叶えました。**」

⑤「この言靈(キーワード)に**相応《ふさわ》しい自分になりました。**」

最後は

⑥「とっても嬉しいです。ありがとうございました。」

これを毎晩寝る前に3回口に出す

神社のご神体は「鏡」「かがみ」から「我」を取ったら「かみ」

ミラー ミラーは未来をみせるもの♪

「ミラー」は「未来《みらい》」を見来《みらい》する

STEP3 鏡を見てにこにこ喜ぶ♪

「鏡に映る自分」
「元の氣に戻った本来の自分に
「毎日」伝えてあげること。
自分の中の「神さま」元の自分を
どんどん喜ばせること=嬉しい!!

女が喜ぶ!!=嬉しい!

自分自「神」の中の女性性が(男性性ももちろんある!!)
活性化し「お水さま」(女性性)エネルギーの波動が高まる!

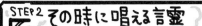

日曜日はお天道さま

① お天道さまとは？

日曜日は「お天道さま」という「かみさま」が、「お日さま・太陽」の当たる場所にいらっしゃいます。

例えば、イザナギが黄泉の国から逃げ帰り禊《みそぎ》をしたとき、左目をすすいだときに誕生した「天照大御神《あまてらすおおみかみ》」が宿っています。この神さまは「太陽の神さま」で、「家全体を守る神さま」。玄関や庭まで、ありとあらゆる「太陽の光」が射し込む場所に現れ、清々しさ、明るさ、清潔さが備われば幸運を運んできてくださいます。

この日曜日の「かみさま」を、「**お天道さま**」と命名します。

「太陽」は、いつの世も人類にとって必要なもので、太陽なくしては生きていくことはできませんよね。家のなか、身体、心にも「お天道さま」のちからを燦々《さんさん》と浴びて、ニコニコまんまるな元氣はつらつ「お天道さま」になりましょうね。

②日曜日は一週間の総まとめ、できなかったところを美浄化する

では、具体的に「お天道さま」の美浄化方法を説明します。

平日に美浄化できなかった場所や、普段行き届かない場所・もの、長時間かかるものをゆとりのある「休日」に美浄化していきます。

毎日身に着けている時計やネックレス、制服、スーツなどを、日曜日にまとめてお手入れして、ぴかぴかに磨き込みましょう。

平日にはなかなかできない「布団やマット干し」。晴れていたら「お天道さま」

の恩恵を布団やマットに与えましょう。お外に干して、感触もふわっふわで「太陽の香り」で波動も高い！　幸せ倍増です。「天日干し」は殺菌効果もありますので、カビの予防にも有効です。「健康運」も向上します。

「車のタイヤ」は靴の裏と同じ。お外を走り回ったら、それだけで邪氣をたくさん運んできます。意外と盲点ですが、ここも綺麗に美浄化してほしいところです。「タイヤ、フロアマット」も、この「日曜日のお天道さま」のタイミングで車のなかから出し、きちんとお手入れしてくださいね。

「庭、ベランダ」は幸運を運ぶ「お天道さま」の大切な通り道。不要なものは捨て、汚れを落とし、整理整頓することで空間が現れます。家のなかだけではなく、「外」からの見た目も大切にしましょうね。

みこちゃんポイント

◉平日の汚れをぴかぴかにする

◉ホコリ、土を「家のなか」に持ち込まず、太陽の光を取り込む
◉予定がなければ朝早起きをして午前中のうちに美浄化時間を確保する
◉午後からは自由に過ごす
◉高い場所、重たいものは、男性のちからを借りること。そうすれば家族運も向上
◉孤独になりがちなお掃除や片づけも、家族や仲間を「楽しみこながら」巻き込みこして、ニコニコみこみこコツコツと一緒に美浄化しよう

③女性を「楽」にするとエネルギーは循環する

「お日さま・太陽」の神さま、「お天道さま」は、老若男女関係なく、常に私たちをまんまるなあたたかな笑顔で見守ってくださっています。

日曜日は美浄化して、外に出て、お日さまを浴びましょう。部屋、家、会社から出て、しっかりと身体を動かし、遊ぶのです。

女性は、ぴかぴかに美浄化したアクセサリーでおめかしして、男性は、美浄化した車に乗り、大切で大好きなひとと太陽の下にお出かけするのです。

家だけではなく、私たちの身体や心にも、ニコニコまんまる笑顔の「お天道さま」を呼び込みこするのです。どうですか？　想像するだけでワクワクニコニコ笑顔になりますよね。

特に、女性は普段、「家のなか」「室内」にいる傾向にあります。もともと「岩戸」を体内に備えている身体の仕組みだから。

「日曜日は、外へ！」

男性は、日曜日こそ「家のなかの美浄化」のサポートをしてしっかり動きましょう。女性を楽にする、女性をサポートする、女性を楽しませること。重い布団を干したり、美浄化した車で外に連れて行ったり、一緒に遊んだり。愛する女性の素敵な「戦士」になるのです。

お互いの「愛」という「真心」を出し合うのです。女性は思いっきり楽しむ、笑う、明るくなる。

遊ぶ、美味しいものをいただく、ごろごろリラックスするなど、「光」や「お水さま」を自分自身に取り入れることで、太陽のように明るい笑顔が自然と溢れますよね。

男性も、女性のサポートをすることで女性の喜ぶ顔が見られるし、お互いの陰陽バランスも整い運氣も上昇、エネルギーも「自然に」循環していきます。

女性は、太陽の下に咲くお花。男性は、その花に、光とお水をあげる戦士になりましょう。

④日曜日の法則：「モテたければまるいものを見ろの法則」

最近、「なかなか素敵な方との出会いがありません」という悩みを聞くことが多くなりました。

先日も、「出会いがありません。そして、お金もない、仕事もリストラされました。どうしたらいいですか？」という相談がありました。

質問内容は以上。

これだけの情報から、名前も年齢も知らないけれど「リーディング」をして、私が一瞬で「ズバズバ解決」した内容の一部がこちらです。

はい！　ズバリ、

「婚活パーティに行くより、まるいもの、太陽の下に行きましょう。そして、まるいものを見ましょう」と言いました。

それを解説すると、

『「婚活パーティ」は、戦《いくさ》のようなもの。あなたと似たような方々が集まり、少しでも「条件」がいいひとを見つける「狩り」のようなもの。だいたい同じ男性をみんなで狙うようなもの。だから多くの女性のなかの「一人」になるのは至難の業《わざ》。「ハンター」のような「目」をギラギラさせた「女性」に、男性が「癒される」とは思いません。そして、世の中の「結婚適齢期」と言われる年齢を過ぎた女性が、その「現代の戦」で戦えるとは思えない。あなたは、お花や動物が大好き。女性は安らぎのなかで、安心から愛情を生み育てる生き物。個人差はありますが、バリキャリ女性とは違うあなた。婚活パーティは、お洋服代や参加費などお金もたくさんかかります。お金がないのに、これ以上なくなってどうするのですか？　あなたはお花も動物も好き。外に出ましょう。「お天道さま」の下に行きましょう。

婚活パーティなどではなく、ごちゃごちゃ理由を言うことなく、シンプルに好き・楽しいと言えるものだけにお金と時間を使ってください』

婚活パーティの話をしているときは、暗く悲しい顔をされていましたが、私が「まるいもの」の話をした途端に顔色がパッと、お花が咲くように明るくなり、生き生きとされていました。

そうです。女性は「まるいもの」、つまり赤ちゃんや動物を見ると自然に「母性」が刺激され、「女神の笑顔」になります。そして、生まれながらに女性は「お花」なのです。一人ひとり、いろんな「色」や「香り」を持つ「お花」です。「太陽と光」がないと美しい笑顔にはなれません。

あなたのその「太陽のような笑顔」を見て、男性は癒され、そして「守りたい」と思うのです。あなたは、この世で唯一無二の「お花」、そして「太陽」なのです。

暗い部屋にじっと閉じこもり、「岩戸のなか」にいては、色も見えません。黒や、グレー、茶色のお洋服ばかりのクローゼットも美浄化して、お花が咲くような「色味」のものに少しずつ替えましょう。

最初は高価なものにしなくていいんです。最近はプチプラで品揃えも豊富です。ゆとりができたら、徐々に「上質なもの」に替えればいいのです。まずは自分に似合う「色」です。毎日、太陽の光をあなたの部屋にも、あなた自身にも取り込むのです。

そのときに、おちからを貸してくださるのが、七日間の美浄化の「かみさま」たちです。みこ式美浄化レシピで、太陽の光を、あなた自身に注ぎましょう。必ずあなたに「光」と「お水さま」を注いでくださる「男性」が現れることでしょう。

心がふわっと軽く、爽快になるために、お天道さまに洗濯を干すようなイメージで。「お天道さま」の美浄化をしてみましょう。

選択は「洗濯」です。私たちは不快なものを選択するより、「快楽」や「楽しい」を選択するほうが得意です。まずは心が「爽快」になるものだけを身の周りに。

それをコツコツニコニコ、「焦らず、無理せず、楽しみながら」積み重ねることで、あなたと「氣」が合うものだけが必ず最終的にそばに残ります。

あなたに「光」と「お水さま」を注いでくださる「男性」。あなたは、「お天道さま」そのものなのですから。

「岩戸の一歩外へ」

自分で自分自「神」を動かしてあげましょう。

明るい方へ
楽しい方へ
まんまるな太陽の光の下へ

失敗したっていいのです。大丈夫です。私も数えきれないくらい「失敗」をしました。だから大丈夫です。数をこなしていけば、体感としてわかるようになっていきますからね。

「焦らず、無理せず、楽しみながら」元の氣に戻り、本来のあなたの魂から光輝く命の「お花」を咲かせるのじゃ!!

まるの章 ～あとがきにかえて

まるいことは良いことだ。これが本書に流れる最も重要なテーマです。

「弥勒のみこちゃん」こと岡本弥子さんに初めて出会ったのは、2018年5月の岡山でのこと。そのとき、僕は自転車で福岡から四国、岡山経由で大阪まで、途中でトークライブをしながら旅する企画の最中でした。僕は岡山でトークイベントに登壇したのだけど、その前夜祭に「みこちゃん」がいたのです。

みこちゃんはそのときからインパクト抜群で、周りのひとたちからもすでに一目置かれる存在でした。後から知ったのだけど、そのとき、みこちゃんには僕の中身が丸見えだったそうです。あの頃の僕はいろんな意味で悩みを抱えており、まるで現実逃避のように自転車で長距離を走り、訪れる場所で神仏に手を合わせていました。

「このひとはなんてバランスが悪いのか。表面ではオラオラと男気を出しながら、その中身は女の子が泣いている。熱い火を従えながらも、身体はずぶ濡れ。このひとを助けなければ」

これが僕に対する第一印象だったらしい。その後、岡山でのイベント熱がなかなか冷めないまま、出会いのきっかけを作ってくれた小川かつみさんの東京でのイベントに二人して参加する流れになりました。その前日、暇をしていたみこちゃんに、僕のセミナーでちょっとしたトークをしてもらったところ、それがバカ受け。その後、大阪、福岡など全国を連れ回し、いつの間にか「みこファン」が増え、本書をプロデュースする展開となったのです。

そんな最中、僕の周りでは次々とトラブルが勃発しており、それとなくみこちゃんにアドバイスをもらうことが増えてきました。そのアドバイスの鍵がまさに「美浄化」でした。

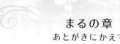

まず、物理的には掃除、特に換気がなってないと言われました。みこちゃんは相手の心のなかや、さらに部屋の隅々まで「見える」という特殊能力があるようで、それはスピリチュアルにありがちなふわっとした抽象論ではなく、目で見て確認できることだけに、何度もビックリさせられました。

「まるいひとの部屋の後ろに、空間がありますよね。2畳から4畳の空間。そこに、小さな窓があるけど、まったく開けてない。真っ暗だし、臭いし、第一、汚い。言霊を生み出すプロの作家さんなのに、自分の本を紙袋や段ボールに入れっぱなしで、せっかくそこに本棚があるのに、なんで、本棚をきちんと整理整頓しないの？　しかも、その棚も、ホコリまみれで、汚いから、すぐに掃除してください。空間が、間抜けで、まぬけになるよ。換氣して、新鮮な空氣を入れ換えてから、まずは、それからじゃな」

確かに自宅の4畳の小部屋は物置状態になっていて、3か月くらいは換気をしていない。自分の本を床に置きまくっている。言われるがままに改善。

ある日、「まるいひと、何をしたの?」とすごい勢いで連絡が来ました。そのとき、個人的に人間関係のトラブルを抱えており、その関係者からの「念」がみこちゃんにも飛んできたとか。詳しくは言えませんが、まさにピンポイントな指摘で、すぐにアドバイス通りの美浄化を行い、その3か月後にはトラブルは完全に解消しました。

またある日、みこちゃんにこんな質問をしてみました。

「50代の男性、独身、無職、手に職なし、この方が月収100万円を突破するにはどうすればいい?」

同じ質問を他の人にも何度かしたことがあるのだけど、「本人に会わないとわからない」「自分の強みを見つける」「インターネットを活用する」など、誰にでも当てはまりそうな漠然とした回答が多かったのに対し、みこちゃんは0・2秒でこう答えました。

「まずは服の全入れ替えじゃな。けど、無職だったら、お金もないはずだから、せめて下着だけでも全捨てして、新しいものに替えること。その後、銭湯に行って綺麗さっぱりになって、1杯のお水さまを飲むこと。それからじゃな」

うなりました。例えば服（布）はいろいろな邪念を吸収しやすい。一日サイクルでも、日中に受けた邪念を潜在意識に持ち込まないため、パジャマに着替えて寝床に入る必要があるわけです。ましてや、5年も10年も同じ下着を身に着けているとなると、確かに「ダメダメ」な念（低い波動）が染みついており、それが新たなスタートの妨げになるんです。

さらにある日、こんな質問もしてみました。

「オレが年収1億円になるには、どうすればいい？」

するとまた0・2秒でこんな答えが返ってきました。

「しゃべるだけでええよ。余計なことはしなくてええから。ただ、しゃべりまくるだけでええよ」

その2か月後に僕はYouTubeチャンネル「宇宙となかよし／Qさん」を立ち上げ、開始2年でチャンネル登録者10万人を超す、人気ユーチューバーになってしまいました。年収1億にはまだちょっと届かないけど、みこちゃんと出会った当初の悩みはすべてなくなり、確実に近づいているわけです。（笑）

このアドバイスの本質は「そのまんま」であること。違和感（岩戸感）をなくし、本来の自分、つまり「元に戻る」こと。これもまさに「美浄化」の神髄であり、多くの人々は余計なことをし過ぎだと言う。当たり前のことを普通にやるだけでいい。幸せになるのは難しいことじゃない。違和感のあること、余計なことをすべて美浄化して、元の自分に戻れば、普通に幸せになる。

2020年は新型コロナウイルスの広がりで、世界中が戦後最大とも言えるピンチに陥っています。しかし、欧米の被害に比べると、日本は感染者も死者もそこまで多くはない。なぜこのような違いが出たのかは、専門家の見解に任せるとして、多くの人が感づいていることのひとつに、日本人の生活習慣があります。

家に帰ったら手洗い、うがいをする。ご飯を食べる前も手を洗う、またはおしぼりで手を拭く。なるべく直箸《じかばし》を避ける。人がいるところでは大声でしゃべらない。部屋はこまめに換気をする。トイレや水回りはいつも清潔に保つ。そしてしっかりお風呂に入る。どれも日本人にとっては当たり前の習慣が、実は他の国ではそうでもなかったらしい。

今、本書を読んでみると、これ自体がコロナ対策、そのまんま当てはまるのではないでしょうか。すべてこの本に書かれている通りなのです。

おそらく今回のコロナ問題を通して、清潔を保つという日本人の習慣がこれまで以上に徹底されるとともに、世界中が改めて日本に注目するのではないかと思われます。そのコアとなる概念が美浄化。本書はまさに今、全人類が読むべき「生活の科学」とも言えるんじゃないでしょうか？

身体を健康に保つ、病から身を守る、常に環境の美化に努める、その上で違和感のあること、余計なことをせず、心を安らかに過ごしていく。

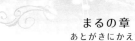

その結果、本来の自分、当たり前の自然な自分に戻り、すべてがまんまるくおさまっていくわけです。かど（角・過度）を取ったらまるくなる。

最後に、みこちゃんは出会った人に直感で「名前」を付けるのを得意としており、実際、みこちゃんに付けられた名前がそのまんま定着することも少なくありません。そんな中、僕は「まるいひと」という、ある意味、最上級の名前を付けられたこと、割と光栄なのではと思っています。実際、「まるいひと」と呼ばれるようになってから、45年間ずっと一重だったまぶたが二重のまんまるになり、かわいくなってしまったりとか。

まあ、人生いろいろあるけど、最後はまるく。楽しんでいきましょう。

まるいひと

2020年7月

ひとりひとり
みんな
たい
せつな
まるいひと
みなさまのしあわせを
念じております
アリガトライト
美浄化♡
美浄化

【著者略歴】

岡本弥子（おかもと みつこ）

1977年、岡山県生まれ。美浄化コンサルタント。美浄化ユーチューバー。愛称は『弥勒のみこちゃん』。

先祖代々の仏教の家系に生まれる。7歳から本格的に仏教を学び、神仏の世界、宇宙の真理、自分の名前に込められた由来や使命に興味を持ち探求し始める。小学生の頃、いじめを受けるが『仏教の教えと掃除で身を守る方法』を自ら発見し、実践したところ見事に回避。

その後の会社員生活の中で、離婚をはじめ、人生のどん底を経験。男性恐怖症になり地獄の毎日を必死に生きるなか、『美浄化の法則』を研究・実践し、全てのトラウマを克服。同時に、長年封印されていた『リーディング能力』が一氣に開眼。

石田久二氏のセミナーにて『みこ式美浄化レシピ』や、リーディング能力を使った『みこ式ズバズバ解決セッション』を披露したところ、バカ受け。全国各地でセミナーを行うと全て口コミで満員御礼となる。明るく！ 可愛く！ 面白く！ スピリチュアルの世界を理論に基づきわかりやすく解説したYouTubeも好評。

現在は、長い会社員生活に終止符をうち、結婚、仕事、美しく浄化された生活を手に入れ、リーディング能力を活かした個人セッションや、執筆、セミナーでの講演活動を中心に活躍中。

みこちゃんブログ

**『ズバズバ解決！ みこちゃんのウザいくらい
宇宙さまにご指名されちゃう方法』**

https://mikomikomiko.exblog.jp/

弥勒のみこちゃん／ミコミコチャンネル（YouTube）

https://www.youtube.com/channel/UCmfSPUyqHZm9hEcKeNN_CtA

校正協力／大江奈保子、永森加寿子
制作協力／（有）アミークス
編集／田谷裕章

幸せ舞いこみまくり！ 7日間「かみさま」おそうじ

人生を“まるっと”変える「みこ式美浄化」レシピ

初版１刷発行 ● 2020年７月27日
３刷発行 ● 2020年９月30日

著者

岡本《おかもと》 弥子《みつこ》

発行者

小田 実紀

発行所

株式会社Clover出版

〒162-0843 東京都新宿区市谷田町3-6 THE GATE ICHIGAYA 10階 Tel.03(6279)1912 Fax.03(6279)1913
http://cloverpub.jp

印刷所

日経印刷株式会社

ISBN978-4-908033-80-3 C0011